RENÉ MERCIER

DIRECTEUR DE L'« EST RÉPUBLICAIN »

JOURNAL D'UN BOURGEOIS DE NANCY

NANCY BOMBARDÉE

PRÉFACE DE G. SIMON

MAIRE DE NANCY

AVANT-PROPOS DE H. TERQUEM

MAIRE DE DUNKERQUE

BERGER-LEVRAULT, LIBRAIRES-ÉDITEURS

PARIS	NANCY
5-7, RUE DES BEAUX-ARTS	RUE DES GLACIS, 18

NANCY BOMBARDÉE

Il a été tiré de cet ouvrage
dix exemplaires numérotés, de 1 à 10,
sur papier du japon.

DU MÊME AUTEUR

Journal d'un bourgeois de Nancy. **Nancy sauvée.** Un volume in-12. Préface de M. Léon MIRMAN, préfet de Meurthe-et-Moselle. (8e mille.)

Berger-Levrault, éditeurs.

RENÉ MERCIER

DIRECTEUR DE L'« EST RÉPUBLICAIN »

JOURNAL D'UN BOURGEOIS DE NANCY

NANCY BOMBARDÉE

PRÉFACE DE G. SIMON

MAIRE DE NANCY

AVANT-PROPOS DE H. TERQUEM

MAIRE DE DUNKERQUE

BERGER-LEVRAULT, LIBRAIRES-ÉDITEURS

PARIS	NANCY
5-7, RUE DES BEAUX-ARTS	RUE DES GLACIS, 18

1918

Keep smiling.

PRÉFACE

Vous avez bien voulu, cher monsieur Mercier, me réserver, en tête de votre livre, une page blanche pour y écrire quelques mots. Je vous en remercie. C'est pour moi une occasion de dire quelles impressions nous devrons garder de cette année si dure et si douloureuse que Nancy a passée et a supportée avec tant de vaillance, sous la menace journalière du bombardement.

Vous nous en racontez les péripéties, d'un style vivant et pittoresque; et, en vous lisant, nous revivons ces journées émouvantes et parfois tragiques. Nous retrouvons les sensations ressenties, les pensées qui nous sont venues à l'esprit, nos conversations familières, les attentes un peu anxieuses de quelques-uns, la réaction vigoureuse de tous au moment du danger.

Voilà nos faits et gestes, notés par un observateur très clairvoyant, un peu narquois, qui nous met, comme la statue symbolique du monument de Grandville, un miroir moqueur devant les yeux.

Votre livre est bon à lire, parce qu'il est de belle humeur. Il est bon à répandre, parce qu'il est écrit à l'honneur de Nancy.

Les Français plus favorisés que nous, qui ont eu moins de peine à remplir leur devoir, pourront faire, en lisant *Nancy bombardée,* des comparaisons utiles. Ils verront ce qu'a supporté sans se plaindre, sans fléchir, un seul instant, la population d'une grande cité. Ils verront notre ville, après chaque agression, blessée, meurtrie, faire effort pour se reconstituer, et se remettre courageusement au travail. Une pensée nous a soutenus dans cet effort : étant en première ligne, nous nous sentions obligés de donner l'exemple.

Il s'agissait de montrer comment tient une ville française sous le choc brutal de l'ennemi. Voilà ce qu'a fait Nancy! Il est bon que tous le sachent pour que la leçon porte. Votre livre y contribuera.

On prend assez facilement son parti de ce qui peut arriver de fâcheux aux autres. J'ai surpris, chez quelques visiteurs venus à Nancy pour contempler des ruines et se repaître de tragiques horreurs, un sentiment de légère déception. Quoi! ce n'est que cela! quelques façades mitraillées! un certain nombre de maisons effondrées! Et encore tout n'y a pas été détruit : voyez, là-haut, une armoire intacte, une glace encore accrochée à la muraille! Évidemment, ils s'attendaient à mieux. Que leur faudrait-il donc pour les satisfaire?

Il aurait fallu qu'ils fussent là quand les gros obus tombaient sur la ville, ou certains soirs, par les beaux clairs de lune, quand les avions, passant au-dessus de nos têtes avec des crépitements de mitrailleuses, laissaient tomber leurs torpilles sur nos toits. Et j'imagine surtout qu'ils auraient pris la chose tout à fait au sérieux, s'ils avaient vu le résultat de ces agressions sauvages : des vieillards, des femmes, des enfants, jetés sanglants sur le pavé ou écrasés sous les décombres des maisons écroulées. La seule liste que vous donnez, à la fin de votre livre, des visites que nous avons reçues, des bombardements successifs que nous avons subis est assez significative et impressionnante.

Est-ce que je ne serais plus dans le ton ? Je le crains un peu. Que voulez-vous, cher monsieur Mercier, aux impressions de bombardements que vous avez recueillies et notées d'un crayon si habile, vous avez bien voulu me demander d'ajouter les miennes. Elles sont ce que vous pouvez penser. Elles ne peuvent être que l'impression de nos sentiments collectifs. Maire de Nancy, comment ne sentirais-je pas profondément toutes les émotions qui font battre les cœurs de la cité? Il en est dont on ne peut parler avec un calme parfait.

Le temps efface bien des choses. Ceux à qui les bombardements secouent un peu les nerfs se remettent bien vite de cette petite émotion, une fois l'alerte finie. De quelques heures passées à la cave on ne garde, comme vous l'avez remarqué, que le souvenir d'une réunion cordiale, où l'on devisait gaîment entre voisins. Nancy réparera ses pertes matérielles et ses ruines. Ce que nous avons pu souffrir personnellement dans cette tragique période sera bien vite oublié. Mais il est des impressions profondes que le temps n'effacera pas : notre souvenir ému pour les victimes de ces lâches agressions et notre indignation pour leurs meurtriers.

Jeter bas des maisons, détruire le foyer qu'une famille avait édifié avec patience et amour, ce n'est que vandalisme brutal et stupide. Mais envoyer au hasard des bombes sur une cité populeuse, c'est une pratique de guerre atroce, inaugurée par nos ennemis, c'est un assassinat.

Pourquoi ont-ils fait cela?

Est-ce par pure cruauté?

Est-ce par vengeance pour faire payer à Nancy leur déception de n'avoir pu y entrer? Espéraient-ils nous terroriser et déterminer une panique qui aurait gagné le pays? Ils n'y ont pas réussi, ils n'y réussiront pas.

Je ne sais par quelles épreuves Nancy pourra passer encore, mais ce dont je suis certain, c'est qu'elle les supportera, si pénibles soient-elles, avec le même courage et le même sentiment de son devoir. Je ne sais quel coup brutal ils pourront de nouveau porter à la France, mais je suis sûr que leur dernier effort sera brisé. Avec tous les Français, avec nos fidèles Alliés, nous tiendrons, nous tiendrons jusqu'à la victoire définitive de nos incomparables poilus sur le soldat boche, jusqu'à la victoire de la justice et du droit sur la force criminelle et, tous ensemble, nous nous remettrons à notre labeur quotidien, d'un cœur vaillant, confiants dans les destinées de la Patrie.

Vive Nancy !
Vive la France !

Le 25 janvier 1918.

G. SIMON.

AVANT-PROPOS

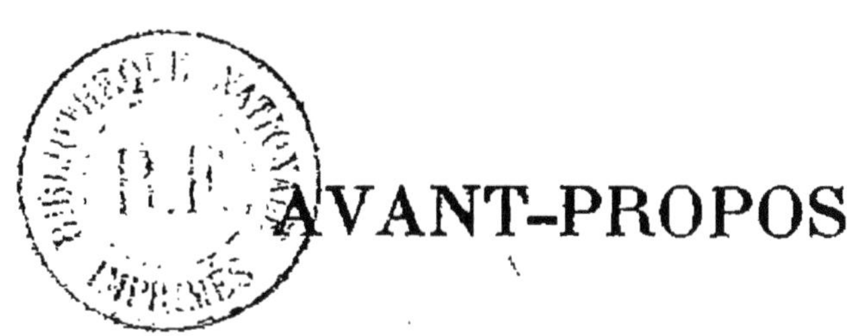

———

Certains ouvrages doivent être lus dans le pays ou dans l'ambiance où ils ont été écrits, si l'on veut en priser toute la saveur.

Je ne crois pas que ce soit nécessaire pour le livre si vécu et si vivant de M. René Mercier ; mais, pour ma part, à la faveur de notre 144ᵉ bombardement (¹) qui nous a tenus sur pied pendant plus de six heures de nuit, je l'ai lu tout d'un trait — si on peut dire — en le ponctuant comme l'ami

———

(1) La *région de Dunkerque,* pour employer l'expression des communiqués, a reçu, à l'heure actuelle, environ 4.500 projectiles, dont 203 obus de 380 tirés *dans la direction de Dunkerque.*

*de l'auteur, M. Liégeois, des interjections :
« bombe... canon... canon... bombe »,
ajoutant aussi « obus », car, pour que la
fête soit complète, le 380 s'était mis de la
partie.*

*J'étais donc bien à fond dans une am-
biance rendue plus complète encore par les
coups de téléphone indiquant les points de
chute, les dégâts, les secours nécessaires,
sans omettre celui plus triomphal : « Un
Gotha vient d'être descendu, les aviateurs
sont prisonniers. »*

*Nancy bombardée... est-ce bien Nancy ?
Oui, car on y parle de la place Stanislas,...
et il n'est qu'une place Stanislas, et on
entend chanter l'accent lorrain dans les
dialogues ; mais remplaçons ces contin-
gences qui situent les faits par d'autres,
qui les transportent ailleurs en France...
en Flandre, par exemple, et on trouvera
décrit, avec la même finesse d'observation,
la même bonne humeur, une « Dunkerque
bombardée »... s'il existe, par bonheur, un*

Dunkerquois d'esprit et de talent qui, dans l'ombre, prépare une réplique au volume de M. René Mercier.

Et c'est pourquoi, en le lisant, j'avais la vague impression de revivre des scènes connues, de percevoir un écho de dialogues entendus, de retrouver une mentalité déjà observée...

Dunkerque peut écrire la préface au « Livre de Nancy »; Dunkerque est un peu sœur aînée dans cette guerre — les deux villes ont suivi des carrières parallèles — et, de par ses attaches personnelles, c'est avec une émotion mal contenue que le maire de Dunkerque jette un regard vers notre Lorraine encore mutilée ([1]).

---

(1) Le commandant Henri TERQUEM, maire de Dunkerque, est le petit-fils des deux Olry Terquem de Metz, le géologue et le mathématicien, et le neveu d'Édouard Bamberger, député de Metz à l'Assemblée Nationale qui, après avoir signé la célèbre protestation, jeta encore le 1er mars 1871, à la Tribune de Bordeaux, ce dernier cri de détresse : « Ce traité, ce n'est pas l'Assemblée Nationale qui devrait le signer, mais Napoléon III dont le nom restera cloué au pilori de l'Histoire. »

Dunkerque isolée dès la fin d'août 1914, devant une frontière ouverte, a vu déferler dans la plaine flamande les flots de l'armée allemande que rien ne semblait devoir arrêter, mais les légendaires fusiliers marins de l'amiral Ronarc'h, soutenant l'héroïque armée belge, avaient tenu jusqu'à ce que l'inondation fût tendue, jusqu'à ce que la célèbre 42ᵉ division, si chère aux Nancéiens, ait pu refouler de l'autre côté de l'Yser ou noyer dans ses boues les quelques éléments qui l'avaient franchie.

Nancy a connu les mêmes angoisses un peu plus tôt, et M. René Mercier évoqua dans son Nancy sauvée ces heures tragiques d'août et de septembre 1914 que nous devions connaître en octobre et novembre quand d'Ypres à Nieuport se jouait notre sort.

Nous avons, nous aussi, respiré plus librement, mais si la serre de l'aigle ne nous a pas saisis, nous n'échappions pas à sa griffe, il nous le fit bien voir.

Comme Nancy, nous connûmes les bombardements aériens répétés, et, dès le 29 avril 1915, la grosse Bertha étonna le monde en nous envoyant son projectile d'une tonne, à 36 kilomètres de distance (¹) *puis, comme Dunkerque est au bord de la mer, par des nuits bien noires des destroyers vinrent nous rappeler qu'il est un front dont nulle distance ne nous sépare, et nous inondèrent, en quelques minutes, d'une pluie d'obus.*

En sorte que si Dunkerque n'avait déjà deux glorieuses devises pour encadrer son blason, elle pourrait adopter, tout au moins, une devise de bombardement qu'aucune ville ne saurait lui disputer : per cœlum, per mare, per terram.

(¹) La pièce qui tire, actuellement, sur Dunkerque, est à 44 kilomètres.

Nancy n'aura connu que deux modes de bombardement, suffisants pour agir sur les nerfs et les tremper; cette « trempe » toutefois ne va pas sans secousses. Nulle part, les hommes ne sont tout d'une pièce, et si leur fond est solide et ferme, il faut qu'ils dépensent leur nervosité maîtrisée en paroles, en hypothèses qui satisfont la pensée du moment et permettent de se raccrocher à une espérance innée, à une confiance malgré tout inébranlable.

Alors se donnent libre cours les inventions les plus invraisemblables, les raisonnements les plus extraordinaires. Des légendes naissent on ne sait d'où, courent et s'enflent comme le vent de la calomnie.

Toutes ces légendes — disons, en termes de presse, tous ces « canards » — nous les avons connues à Dunkerque : « La pièce a une ligne de tir d'où elle ne peut dévier »... étrange! elle a tiré sur Dunkerque, sur Bergues, sur Cassel! Qu'importe, la légende est bonne, ceux qui sont hors de la prétendue ligne ont confiance et se croient à l'abri. — « Elle s'échauffe très vite et a une vie limitée... elle est usée, les coups deviennent trop courts »... et le lendemain elle tire avec précision! — « Elle ne peut tirer que le jour, par temps clair et vent d'est »... et elle tire la nuit et par temps couvert! On a vu des autos-canons tirer à Nancy de la place Thiers, et on en a vu d'aussi imaginaires place de la République à Dunkerque...

Mais la légende a bercé l'imagination, la légende survit à la contradiction des faits... parce qu'elle est la légende.

Il n'y a pas que ces petits côtés dans la fraternité des deux villes, il y a plus haut, il y a plus beau; il y a la volonté de tenir, la volonté de vivre, la volonté de travailler, la volonté de produire, qu'on sent entre toutes les lignes du livre de M. René Mercier, la volonté aussi de montrer aux villes de l'intérieur que rien ne saurait ébranler notre confiance, que tout effort non consacré à la résistance est comme une défection à l'égard de la patrie.

Qu'en lisant ce volume, on accole volontairement les noms de Nancy et de Dunkerque; qu'on fasse battre d'un même cœur la vieille cité lorraine, la vieille cité flamande; qu'on suive par la pensée ce long territoire qui s'étend des flots gris de la mer du Nord à la ligne bleue de nos Vosges, derrière le « no man's land » où aucune vie n'est permise, derrière la ligne des tranchées où l'on se bat et l'on tient — ce territoire où sous le feu même de l'ennemi commence la vie de la nation, où des hommes, des femmes, des enfants vivent et veulent vivre quand même, travaillent et veulent travailler quand même, maintiennent le présent, préparent l'avenir et refusent de s'incliner devant la volonté de destruction de l'ennemi...

...Et s'il y a des ruines à Nancy comme à Dunkerque, on y pense tout bas, avec la même fermeté d'âme, ce que je disais très haut aux Dunkerquois dès les bombardements de 1915 :

« LES RUINES SEULES SERONT ALLEMANDES, LA TERRE RESTERA FRANÇAISE. »

Henri TERQUEM,
Maire de Dunkerque.

27 janvier 1918.

NANCY BOMBARDÉE

LA CITÉ HEUREUSE

Voici la fin de l'année 1915.

Jamais la ville n'a été aussi animée, aussi vivante, aussi gaie.

Après l'angoisse des premiers jours de la guerre, après la retraite de Morhange, après la menace maintenant dissipée de l'occupation allemande, chacun s'est repris.

Des émotions premières il ne reste que la joie de vivre, d'avoir échappé à l'horreur de la souillure, et peut-être aussi à la misère, à la famine. On sait que la France est sauvée, on croit que Nancy est pour toujours une ville interdite à la fureur germanique, et on se lève tous les matins en bénissant le sort et en glorifiant nos soldats qui nous ont préservés de la servitude et de la mort.

On respire un air paisible. On n'a plus aucune crainte.

La guerre évidemment est un événement terrible où bien des nôtres seront sacrifiés à la patrie. Mais on n'a plus cette obsession qui, en 1914, fermait l'avenir d'une barre noire, cette oppression qui courbait dans la douleur les esprits les plus robustes.

Nancy est à l'abri de tous risques fâcheux.

A la vérité, de temps en temps quelques avions survolent la ville et jettent des bombes qui tuent ou blessent les curieux accourus dans la rue à la sonnerie du tocsin. Toutefois, les personnes prudentes, disposées à se réfugier dans les caves ou les étages inférieurs, n'ont rien à craindre.

Le commerce, un instant arrêté par la mobilisation et par l'exode d'un certain nombre d'habitants, a retrouvé sa prospérité. Les affaires deviennent plus faciles et plus fructueuses.

Le soldat dépense sans compter; l'officier, plus encore.

Les terrasses des cafés ne sont pas assez larges pour la foule qui s'y empresse, ni les restaurants assez somptueusement approvisionnés.

La rue Saint-Jean, aux heures du soir, a l'allure des boulevards parisiens; elle est débordante d'élégances : une véritable cour d'amour.

Tout ce monde-là se jette gloutonnement sur les plaisirs.

— Aujourd'hui, semble-t-on dire, c'est la vie. Demain, qui sait?

Cueillons, cueillons tout ce qu'a de bon l'heure qui sonne, et ne nous occupons pas de ce qui pourra advenir aussitôt après.

Les longs projets sont insensés. Ils n'aboutissent qu'à des déceptions. Nul ne veut regarder loin dans les événements. Chacun se satisfait de la minute présente.

Vite, vite, on prend la joie qui passe, tant qu'on le peut.

A quoi bon économiser ? Pour qui ? Pourquoi ? Vivons, vivons.

Ce sentiment apparaît dans tous les yeux. Il est si humain, si ingénument égoïste qu'on ne pense même pas à le critiquer.

Puis la guerre, c'est affaire aux combattants et pendant qu'ils combattent.

Les autres, civils ou militaires au repos, n'ont qu'un souci pressant : vivre du mieux possible.

Les magasins, à la tombée de la nuit, sont magnifiquement illuminés. Les bijouteries étincellent. Théâtre, cinémas, toutes les maisons où l'on s'amuse sont envahies.

La guerre ? Mais elle est finie, la guerre, pour Nancy.

Nous en avons senti le vent affreux en août et septembre 1914. Ces temps-là sont dans le passé. Ils font une page d'histoire à laquelle nous n'avons plus rien à ajouter. Les lignes françaises sont inébranlables. Sur le front de Lorraine tout est calme, comme disent les communiqués. Si les Allemands n'ont à nous envoyer que ces pauvres avions qui tuent quelques passants au hasard, cela ne saurait nous troubler. Ils ne peuvent d'ailleurs plus rien, et nous les dédaignons maintenant. Ils ont repris le chemin de la frontière et sont à une quinzaine de kilomètres de notre cité.

Nous n'avons rien à redouter de leur haine, et nous leur montrerons, par l'exubérance même de notre façon de vivre, que le peuple français non seulement n'est pas abattu par la féroce agression, mais qu'il résiste harmonieusement, en beauté.

Ainsi se clôt l'an 1915, où Nancy ne souffre plus.

31 décembre 1915.

République Française

ARRÊTÉ

Vu l'article 7 de la loi du 9 août 1849 sur l'état de siège ;

Considérant les dangers auxquels s'expose la population civile en demeurant, malgré les ordres reçus, dans les rues et sur les places quand les avions ennemis sont signalés,

Le Général commandant le détachement d'armée de Lorraine

ARRÊTE :

I. — Dès qu'a retenti la sonnerie convenue pour annoncer la menace de bombardement, ou même, à défaut de sonnerie, dès qu'ont été entendus les premiers coups de canon tirés sur les avions ennemis, tous les habitants, sans exception, doivent rentrer dans les maisons, chez eux si leur maison est à proximité, sinon dans les maisons voisines de l'endroit où ils se trouvent.

II. — A cet effet, les portes et les vestibules des maisons entourant les endroits où il peut y avoir des rassemblements et notamment les portes et vestibules des maisons entourant les places de marché, places publiques, etc... devront rester ouverts dès qu'a retenti la sonnerie ou dès qu'ont été entendus les premiers coups de canon.

III. — Les agents de police et la gendarmerie sont chargés de veiller à ce que ces prescriptions soient rigoureusement observées.

Le Général commandant le détachement d'armée de Lorraine est d'ailleurs convaincu qu'en ceci, comme pour la discrétion à observer dans la correspondance, les populations se soumettront à ces mesures d'ordre prises dans leur intérêt même avec la discipline qui convient à des citoyens habitant la zone de l'armée et partageant ses dangers. Loin de mettre son amour-propre à rester dehors quand il y a du danger, empêcher l'ennemi de réaliser ses desseins, sauvegarder les femmes et les enfants, constitue pour les habitants civils un devoir patriotique.

Au G. Q., le 2 septembre 1915.

Pour copie conforme :

Le Préfet,

L. MIRMAN.

*Le Général
commandant le détachement d'Armée de Lorraine,*

GÉRARD.

MAIRIE DE NANCY

AVIS IMPORTANT

MESURES DE PROTECTION

CONTRE LES

DANGERS DE BOMBARDEMENTS

M. le Général Commandant le D. A. L. a pris, à la date du 2 septembre 1915, un arrêté relatif à la protection des habitants de Nancy contre les dangers des bombardements.

Un échange de vues a eu lieu entre les Autorités civiles et militaires, dans le but de rechercher les mesures susceptibles d'être prises en application de cet arrêté ; voici les conclusions qui ont été adoptées.

« Le signal à utiliser pour aviser la population d'un danger de bombardement par taubes, « zeppelins ou par canons, sera le tocsin, sonné dans plusieurs églises de la ville: Saint-Epvre, « Saint-Sébastien et Saint-Pierre.

« Cette sonnerie sera faite à coups précipités, comme l'ancienne sonnerie d'annonce des « incendies, et pendant une durée maximum de cinq minutes.

« Les observateurs auront pour instruction de ne signaler les taubes ou zeppelins que « lorsque ceux-ci se dirigeront sur Nancy.

« La population sera informée de la disparition du danger par une sonnerie spéciale, « distincte du tocsin. Cette sonnerie, faite par les mêmes cloches, sera à coups plus espacés, « comme l'ancienne sonnerie d'annonce des feux de cheminées. »

Nancy, le 8 Septembre 1915.

Le Maire,

G. SIMON.

LE NOUVEL AN

Le 1ᵉʳ janvier 1916, une immense lueur rougit le
ciel du côté du faubourg Saint-Georges. Depuis le
début de la guerre on n'a pas vu d'incendie dans la
campagne, et on se demande ce que sont ces sanglantes lueurs dans la nuit.

Par intervalles des explosions font jaillir des
gerbes d'étincelles qui traversent les flammes.

Le feu s'est déclaré à l'usine Fruhinsholz, au
long de la Meurthe, et les détonations paraissent
indiquer que le sinistre a été déterminé par la
chute de bombes incendiaires.

— C'est un feu d'artifice, disent les plaisants
que rien ne démonte. On a confondu le 1ᵉʳ janvier
et le 14 juillet.

Tout le quartier Saint-Georges est illuminé.

En réalité, ce n'est pas l'usine même qui flambe,
mais un hangar construit en briques et en bois
où se trouvent quantité de planches et de ton-
neaux.

Les sapeurs-pompiers attaquent bientôt le feu

avec vigueur et, grâce à la proximité de l'eau, ont la chance de circonscrire le foyer.

M. Gustave Simon, maire de Nancy, M. Burnouf, conseiller de préfecture, sont là dès la première heure, et les autorités civiles et militaires de tout ordre ne tardent pas à les y rejoindre.

A 8 heures les explosions sont moins fréquentes, et la flamme tourbillonne, puis s'éteint dans la fumée.

Je rentre aussitôt chez moi pour faire un bout de toilette, car on avait pataugé dans la boue jusqu'aux genoux.

A $9^h 30$ une détonation, plus forte, beaucoup plus forte que celles de la nuit, me surprend dans mon cabinet.

— Allons, dis-je à la personne que je recevais, voilà l'usine Fruhinsholz qui recommence.

Il ne s'est pas passé dix minutes qu'un second coup ébranle le silence du matin.

— Tiens! tiens! on dirait un bombardement.

Des gens courent dans la rue, et la sonnerie du téléphone se met à grelotter.

— Allô! allô! Qu'est-ce qu'il y a?

— Un bombardement. Des maisons viennent de sauter.

— Dans quel quartier?

On me dit où tombent les obus.

— C'est bien. Tenez-moi au courant.

A la fenêtre, le front appuyé aux vitres, je regarde

du côté que l'on m'a désigné. En effet, toutes les six ou sept minutes de gros nuages noirs, à la suite d'explosions, s'élèvent au-dessus de la ville.

Le téléphone me renseigne presque immédiatement.

— C'est dans cette rue. C'est vers cette place.

Le tir se rapproche cependant de nous.

Ahlers, mon metteur en pages, qui est venu causer avec moi, dit :

— Eh bien ! j'ai admirablement choisi l'époque de ma villégiature militaire. J'aurais mieux fait de rester au front.

— Oui. Je crois cependant qu'il fait encore meilleur à Dinard ou à Biarritz.

Ahlers n'a pas dépassé ma porte que devant moi, à une trentaine de mètres, un immense bâtiment s'effondre, enveloppé d'une fumée noire. Des papiers volettent au-dessus de la nuée et font de bizarres cabrioles. Les petits cailloux et les éclats tintent sur les toits, claquent contre les fenêtres.

— Oh ! oh ! c'est le moment d'évacuer. Le prochain coup est pour nous.

Je descends vivement dans les bureaux et à l'atelier, et je fais partir tout le monde.

Ma famille est dans l'escalier, et s'en va aussi.

Au fait, où aller ? On ne connaît pas tous les points de chute, et on risque fort de s'acheminer vers les obus, avec la ferme intention de les éviter.

La rue est pleine de gens qui se sauvent vers la campagne. On va devant soi, au hasard.

Une explosion plus proche nous couvre de terre. Je me retourne. L'hôtel de l'*Est* est toujours debout.

Enfin on entre dans une cave, et on attend.

Jusqu'à 11ʰ 30 les coups se succèdent régulièrement, et je puis les annoncer en les chronométrant.,

Puis c'est un long silence. Un quart d'heure, vingt minutes. Ce doit être fini.

On sort, et rapidement on revient chez soi, regardant le ciel avec inquiétude et rasant les murs.

Et comme midi sonne, et qu'il faut quand même déjeuner, on se met à table.

L'après-midi, le quartier bombardé prend l'aspect d'une kermesse. Une foule énorme se transporte vers les maisons écroulées. Les dégâts sont très importants. On étudie les effets des obus et on estime que certains sont étranges.

La joie d'avoir échappé à la mort domine les autres sentiments. Tous ces promeneurs sont fort gais.

— Vous voyez, me dit le maire en souriant, on dit que la population de la ville est partie. Mais il y a plus de monde à Nancy qu'il n'y en eut jamais.

Je profite des circonstances pour porter mes compliments du jour de l'an aux amis qui se trouvent par là, et je constate que certains ne sont plus chez eux, parce que leur maison s'est effondrée.

Je rencontre M. Albert Maringer, adjoint, et son jeune fils.

— Admirez des rescapés. Je venais de fermer la porte de ma maison et j'étais dans la rue lorsque, à cinq ou six mètres de moi, est tombé un obus. J'ai été à demi asphyxié, mais je ne suis pas touché. Je n'ai pas autre chose que les poumons un peu engorgés. Je crache noir. Quant à Tony, qui était à côté de moi, il a un petit éclat dans la jambe, et son chapeau a filé je ne sais où.

Tout autour de nous les immeubles ont été démolis ou durement éprouvés. Nous avons été préservés par le jet de terre qui est sorti de l'entonnoir.

Et nous voilà.

Je félicite le père et le fils, qui sont à la recherche de la famille partie, croient-ils, vers la Cure d'Air, et je continue ma promenade.

Chacun s'était, le matin, enfui de son côté. On se retrouve, et ce sont des exclamations à n'en plus finir. On est tellement heureux de vivre encore après la terrible rafale qui a dispersé les êtres les plus unis !

— Tout le monde est sauf ?

— Oui, tout le monde.

— Et chez vous ?

— La maison est un peu abîmée. On pourrait avoir plus de mal.

M. Gillet-Lafond marche dans le verre, les souliers déjà tout crottés par la terre qui a envahi sa cour.

— Venez donc voir.

Nous entrons dans la salle à manger, dont les fenêtres sont arrachées.

— C'est joli, chez vous.

— Pas mal, n'est-ce pas? Mais comme c'est quand même le jour de l'an, il faut boire une coupe de champagne.

Et nous levons joyeusement le verre de vin mousseux à la destruction du Boche et à la santé de nos soldats.

Le lendemain, le communiqué suivant passait dans les journaux :

Dans la matinée du 1er janvier, une pièce ennemie à longue portée a lancé une dizaine de projectiles sur Nancy et les environs.

Deux habitants ont été tués et sept légèrement blessés. Les dégâts matériels sont peu importants.

La pièce qui tirait a été immédiatement contrebattue.

Et je publiais la note que voici, moitié figue et moitié raisin, un peu ironique. C'est tout ce que la censure pouvait supporter....

BOMBARDEMENT

Une note officielle paraissant en première page à propos des obus tombés sur Nancy au jour de l'an, nous nous croyons autorisés à ne pas dissimuler plus longtemps aux Nancéiens qu'ils ont été bombardés par une pièce à longue portée. Les Nancéiens s'en doutent bien, mais ils aiment qu'on leur confirme leurs impressions.

La question de savoir si on peut ou si on ne peut pas bombarder Nancy, ardemment controversée, et dont la documentation tous les jours s'augmentait de quelques arguments nouveaux, est ainsi définitivement réglée. Oui, on peut bombarder Nancy.

Du moins on le pouvait dans la nuit du 9 au 10 septembre 1914 et le samedi premier jour de l'an 1916.

Il n'est cependant pas interdit aux amateurs de piles de soucoupes de recommencer leurs discussions à ce sujet, le commerce de la bière ayant besoin, pour prospérer, de conversations animées et soutenues.

Quel que soit aujourd'hui et que doive être demain, voici le fait d'hier :

Le samedi 1er janvier 1916, de 9h 30 à 11h 25 du matin, une dizaine d'obus ont été lancés sur Nancy par un canon à longue portée. Quelques maisons ont été éventrées, une fillette et un homme de cinquante-cinq ans ont été tués, et huit personnes blessées.

Toute la journée la foule a parcouru la ville pour contempler les effets du retour à la sauvagerie de la race allemande.

Le lendemain paraissaient un article du préfet, M. Mirman, et un appel du maire, M. Gustave Simon, glorifiant le calme de la population nancéienne, promettant que le bombardement serait arrêté, que les victimes de la barbarie allemande seraient vengées, et donnant quelques utiles conseils, qui ne furent suivis que longtemps après.

Voici les deux documents :

VIVE NANCY !

Hier, 1er janvier, dans cette première matinée de l'année nouvelle, quelques gros obus venus de loin sont tombés sur la ville de Nancy.

Deux tués : la petite Bernadette, âgée de quinze mois, et un ouvrier de cinquante-cinq ans ; huit blessés, dont plusieurs non gravement, et tous dans la population civile ; quelques maisons éventrées, tel est le résultat du nouveau crime allemand.

Il en est un autre — et de haute portée morale.

Par sa magnifique tenue au cours de cette journée, la population nancéienne a prouvé que le nouveau moyen de terreur inauguré contre elle était et serait aussi inefficace que les précédents.

On sait à merveille à Nancy que l'ennemi ne vise ici aucun objectif militaire, que les crimes qu'il peut commettre sont de nul effet sur les opérations de guerre, que son seul but est d'affoler une population laborieuse. On sait qu'en conséquence il dépend de chacun de nous que ce but ne soit pas atteint. Il ne l'a pas été. Il ne le sera pas.

Jamais, bien que le public encore mal informé s'exagérât le nombre de nos pertes, les rues n'ont été aussi animées ; les jeunes filles qui quêtaient pour la « Journée du Poilu » n'ont jamais offert de plus gracieux sourires et fait plus fructueuse quête ; et sur les visages des milliers de promeneurs, nul n'a pu lire autre chose que la sereine confiance dans les destinées de la Patrie.

M. le général commandant le groupe d'armées et M. le général commandant le D. A. L. ont bien voulu se rendre spécialement à Nancy, recevoir M. le maire de Nancy et moi, et nous charger de féliciter Nancéiennes et Nancéiens de leur attitude si conforme aux traditions dont s'honore la grande cité lorraine. Ils nous ont demandé aussi de leur affirmer qu'ils mettraient tout en œuvre pour arrêter ce bombardement aussi sauvage qu'inutile. Ils nous ont enfin donné la précieuse assurance que nos chères victimes seraient *vengées* : cette vengeance contristera les pauvres sires qui prétendent planer « au-dessus de la mêlée »; elle est exigée de la nation et satisfera sa conscience.

Le dévoué maire de Nancy, M. G. Simon, et moi — toujours aussi fraternellement unis — nous avons remercié nos généraux pour leurs paroles d'aujourd'hui, pour leurs actes d'hier et de demain; nous leur avons déclaré que la population nancéienne continuerait sans émoi son labeur journalier, et qu'en dépit du nouveau deuil qui la frappe, elle entrerait dans l'année 1916 avec de l'espérance et du soleil plein le cœur, car elle sait de toute certitude que cette année sera pour l'ennemi celle de la grande liquidation et, pour nous, celle de la Victoire !

Vive Nancy ! Vive la France !

L. MIRMAN,

Préfet de Meurthe-et-Moselle.

Nancy, 2 janvier 1916.

APPEL

DU MAIRE DE NANCY
à la Population

Les Allemands viennent de réaliser leur rêve : le Bombardement de Nancy.

Ils l'ont exécuté par un raffinement de barbarie, à la date du 1ᵉʳ Janvier.

En nous envoyant leurs lourds projectiles, ils ne pouvaient viser aucun but militaire. Ils espéraient, en tuant à Nancy, quelques femmes et quelques enfants, terroriser la Ville.

Ils n'y ont pas réussi.

J'ai pu constater hier, pendant le bombardement, l'admirable calme de la population nancéienne. Aucun affolement : mais, trop d'imprudence et de curiosité téméraire. Malgré des invitations pressantes à se retirer, trop d'habitants restaient dans la rue, au milieu du quartier bombardé.

CONSEIL

Si ce genre de bombardement, qui, d'ordinaire, ne s'exécute que de jour, venait à se reproduire, les habitants du quartier exposé, qui ont à leur disposition des caves solidement voûtées et munies d'issues faciles, pourront s'y mettre à l'abri : mais le plus sûr serait de s'éloigner du quartier bombardé, en se portant à droite ou à gauche de la ligne de tir, vers la périphérie de la Ville.

M'associant à M. le Préfet, j'ai remercié au nom des Nancéiens, le Général commandant le Groupe d'Armée, de la sympathie qu'il nous a témoignée hier, et de sa sollicitude vigilante pour la Ville de Nancy.

L'acte de vaine cruauté de nos ennemis sera châtié, j'en ai reçu l'assurance.

Nancy, le 2 Janvier 1916.

Le Maire,

G. SIMON

Le 2 janvier, à 12ʰ45, alors qu'on en était au dessert, deux obus étaient lancés sur Nancy, et le communiqué le rapportait fidèlement.

Les Allemands voulaient sans doute prouver qu'il n'était pas facile d' « arrêter » leurs bombardements.

Et les Nancéiens commencèrent à montrer quelque inquiétude.

Pourtant on allait assurant que si l'ennemi s'était tu après l'envoi des deux grosses marmites qui n'avaient fait ni dégâts ni victimes, c'est qu'il était essoufflé ou ne pouvait plus charger la pièce sous le feu de notre artillerie.

4 JANVIER

Après avoir subi deux bombardements, le 1er et le 2 janvier, la population s'attendait à être arrosée chaque jour.

Or le 3 janvier il ne se passa rien. Rien extérieurement, car dans les esprits une violente anxiété subsistait. Et on vit arriver le soir avec satisfaction. Il était entendu que, la nuit, la grosse pièce ne pouvait pas fonctionner.

Tout le monde était devenu artilleur et raisonnait avec une grande maîtrise sur les événements.

La pièce, disait le communiqué, avait été contrebattue. Elle était donc démolie, ou du moins « amochée », cela ne faisait plus de doute pour personne à l'heure du dîner.

— On n'aura pas de bombardement nocturne, disait-on, c'est certain. Nos aviateurs, nos observateurs verraient immédiatement la flamme sortir du canon, et les artilleurs auraient vite fait de détruire la grosse Bertha.

On croit facilement ce que l'on désire. Les

mêmes déductions avaient été faites pour les bombardements aériens. Il était convenu que les avions risquaient trop à s'élever dans les airs pendant qu'il faisait noir, et que jamais ils ne se hasarderaient à survoler les villes, une fois la nuit tombée.

On a constaté depuis lors que ces appréciations n'avaient aucun fondement.

Le soir, Nancy était calme, et les cœurs battaient normalement, se confiant à l'impossibilité des bombardements nocturnes et surtout à la certitude que le canon allemand et ses protections avaient été détruits par nos braves artilleurs.

En effet, les heures sonnaient et l'on n'entendait pas autre chose que la rumeur grondante et lointaine du front.

Le matin cependant on était levé de bonne heure et prêt à descendre à la cave.

Mais tout était silencieux. Peu à peu la vie reprenait, et le stoïcisme gouailleur de Lorraine fleurissait les conversations.

On redevenait railleur.

A 11^h20, le fracas d'un obus démolissait toute cette sécurité et fournissait aux sceptiques des arguments contre la mort de la pièce.

La curiosité l'emportait pourtant sur la terreur.

Si les prudents avaient aussitôt recherché la protection des caves, les hardis couraient par centaines, par milliers, vers l'endroit où ils supposaient qu'avait retenti l'explosion.

En une demi-heure, huit obus tombèrent sur la cité déjà fort éprouvée.

On sentait toutefois que cette manifestation aurait moins d'effet que les deux précédentes. Les habitants se familiarisaient avec le danger nouveau. Ils avaient été saisis par la brutalité du fait. Maintenant qu'ils savaient, ils ne demandaient plus qu'à s'entraîner.

Les obus étaient tombés à 8, 3, 4, 4, 3, 5 et 3 minutes d'intervalle, alors que les jours précédents on comptait entre chacun d'eux dix bonnes minutes. Des gens, dans les caves, ou même dans les rues, chronométraient ce record.

Le soir, les Nancéiens allèrent voir les dégâts, comme on se transporte vers quelque spectacle sensationnel, et s'en retournèrent ensuite chez eux, fiers déjà à la pensée que le lendemain ils seraient cités au communiqué officiel.

Mais le communiqué officiel omit le bombardement de Nancy.

Les journaux portaient la seule indication possible : un large espace blanc.

La censure les autorisait à parler de l'Amicale laïque, du pouvoir éclairant du gaz, des délits de chasse, des vols et des cambriolages, et leur interdisait toute allusion aux obus allemands.

LES EXAGÉRATIONS

La censure ayant empêché les journaux de dire la vérité sur les bombardements, ce qui devait arriver arriva. Les imaginations surexcitées conçurent d'effroyables désastres, accumulèrent les centaines de tués sur les centaines de blessés. Le mystère tonitruant exaspérait les esprits. Il n'est pas de folle assertion qu'on ne prît au sérieux, et même au tragique.

On parla d'un tunnel qui, creusé depuis la frontière par les Allemands, aboutissait à Nancy, et, bourré de dynamite, devait faire sauter d'un seul coup toute la ville.

Le préfet s'en émut et écrivit aux maires du département une lettre d'allure sévère, mais qui venait à son heure puisque, en somme, elle donnait enfin exactement le nombre des victimes.

Voici cette lettre, dont la première partie contenait des renseignements précieux :

Je suis informé que quelques personnes ayant quitté Nancy ces jours-ci colportent dans les communes du département où elles sont venues se loger des histoires extraordinaires sur ce qu'elles ont vu avant de partir. Elles citent des nombres terrifiants de victimes, elles font des descriptions d'incendies.

J'affirme ici que voici l'exact et complet bilan des divers bombardements que nous avons subis depuis le commencement de cette année :

Le premier : 3 tués, et 6 blessés, dont aucun n'est en danger ;

Le deuxième : o tué et 1 blessé légèrement ;

Le troisième : 3 tués, 3 blessés.

J'affirme en outre que le bombardement n'a, déterminé aucun incendie (l'incendie qui s'est produit le 1er janvier à Nancy est antérieur au bombardement et n'a pas été allumé par lui).

Je n'évalue pas les dégâts matériels des immeubles ; cet inventaire serait prématuré ; la question d'ailleurs, importante évidemment en soi, est secondaire au point de vue que j'envisage en ce moment.

Voilà l'exacte vérité. Elle est assurément fort douloureuse, et nous devons saluer avec une respectueuse sympathie les victimes, tuées ou blessées, de ces attentats et leurs familles.

Il ne servirait de rien de diminuer ce bilan. Mais il serait criminel de l'exagérer.

Je vous prie donc de me faire connaître les personnes qui, ayant quitté Nancy, raconteraient autre chose et plus que cela, et feraient ainsi des récits mensongers.

J'examinerai avec attention les cas qui me seront signalés par vous. Si je constate que ces récits sont colportés par des personnes qui, aux heures critiques, se trouvaient à Nancy dans une maison fort exposée, et qui ont pu être troublées par l'émotion fort légitime d'une explosion toute proche, je m'adresserai personnellement à ces personnes fort dignes d'intérêt et je leur recommanderai de façon affectueuse et pressante de reprendre le contrôle d'elles-mêmes et ne point continuer à troubler ainsi l'esprit public par leurs exagérations.

Si je constatais au contraire — ce que j'ai des motifs sérieux de présumer — que les pires semeurs de panique sont des personnes qui, demeurant en dehors et parfois très loin de la zone dangereuse, n'avaient aucune raison avouable de s'émouvoir, et qui, un peu honteuses d'avoir quitté précipitamment Nancy, exagèrent à dessein les événements pour se rendre intéressantes, pour exciter la pitié et pour que nul ne raille leur frousse, alors je n'hésiterais pas à signaler moi-même à l'autorité militaire ces peu désirables citoyens et à provoquer contre eux l'application des lois pénales qui visent les auteurs de fausses nouvelles de nature à troubler l'ordre public.

Je fais appel à votre patriotisme pour donner toute suite utile à ces instructions.

L. Mirman.

M. POINCARÉ A NANCY

LE 7 JANVIER 1916

M. le Président de la République, que la nouvelle du bombardement de la ville de Nancy a profondément ému, a tenu à apporter à la population nancéienne un témoignage de sa sympathie personnelle et de celle du Gouvernement de la République tout entier.

Arrivé à Nancy de bonne heure, M. le Président, accompagné de M. le préfet de Meurthe-et-Moselle et de M. le maire de Nancy, de M. le général commandant du D. A. L., de M. le général Duparge et de plusieurs officiers d'état-major, a tout d'abord visité à pied les diverses rues sinistrées, demandant les renseignements les plus précis sur les circonstances et les victimes du bombardement. Après cette longue et minutieuse inspection des lieux et une visite à la caserne Molitor où sont les réfugiés, M. Poincaré s'est rendu à l'hôpital civil.

Reçu par M. Krug, président de la Commission

administrative, M. Jambois, èt par la sœur Louise, M. le Président s'est rendu successivèment au chevet des cinq victimes des récents bombardements qui restent en traitement, et dont l'état n'inspire heureusement aucune inquiétude. A cette occasion, M. le préfet lui a redit encore combien étaient exagérés les récits colportés par certaines personnes et qui avaient contribué à émouvoir si fâcheusement l'opinion. M. le préfet a renseigné très exactement M. le Président sur l'état civil et les circonstances de la mort des six personnes tuées au cours des trois bombardements que nous avons subis ; ces six personnes ont été tuées sur le coup ; aucun blessé n'est mort des suites de ses blessures ; plusieurs ont déjà quitté l'hôpital. M. le Président a fait remettre à chacun des jeunes blessés encore alités un bijou-souvenir.

Le Président se transporta ensuite à l'Hôtel de Ville ; il y fut reçu, dans la salle du Conseil municipal, par M. G. Simon, maire de Nancy, entouré de MM. les adjoints et de MM. les conseillers qui avaient pu être avisés à temps.

M. Simon remercia M. le Président de la République au nom de la population nancéienne tout entière ; il tint à lui déclarer que, hors les membres mobilisés, aucun membre du Conseil municipal de Nancy n'avait quitté et ne quitterait jamais son poste ; il ajouta que les nouvelles épreuves subies par la cité lorraine n'avaient à aucun moment troublé dans le cœur d'aucun Nancéien la confiance absolue dans la victoire définitive de la France, et que, la première surprise passée, la ville de Nancy allait reprendre son labeur accoutumé.

— Nous avons confiance, ajouta M. le maire, en vous, Monsieur le Président, comme dans le Gouvernement et dans l'autorité militaire pour que tous efforts soient faits en vue de faire disparaître le plus tôt possible le danger auquel nous sommes exposés. Nous savons l'intérêt particulier que vous portez à la ville de Nancy, et celle-ci vous le rend en respectueuse affection. De cet intérêt, vous lui donnez aujourd'hui une nouvelle preuve dont elle vous sera profondément reconnaissante.

M. le préfet exposa à M. le Président de la République la lourde tâche qui, en des circonstances difficiles, avait incombé et incombait encore à la municipalité de Nancy. Il tint à apporter en cette salle des séances son témoignage à l'Administration de la ville de Nancy.

— A aucun moment, dans aucun domaine, quelles qu'aient été les circonstances, M. le maire, la municipalité, le Conseil municipal de Nancy, patriotiquement unis, n'ont été inférieurs à leur tâche. Ils ont bien mérité de la Patrie.

M. le Président de la République adressa, en son nom, au nom du Gouvernement de la République, ses plus cordiales félicitations à la municipalité nancéienne pour les initiatives prises par elle, dans les domaines de l'assistance, du travail, du ravitaillement et aussi pour le calme et le sang-froid dont elle a fait preuve en toute occasion.

— La ville de Nancy, ajouta-t-il; paie actuellement la rançon de sa liberté.

Les Allemands croyaient bien au début de la campagne qu'ils l'allaient saisir. Ils la considéraient comme une proie toute prête. Autant était ardente leur convoitise, autant leur déception fut cruelle. Sans aucun objectif militaire, ils ont voulu se venger sur la grande cité lorraine de l'héroïsme avec lequel elle fut défendue contre eux.

Ce crime commis contre une ville ouverte augmentera, s'il est possible, l'indignation du monde entier contre de telles méthodes. Il n'aurait pu que fortifier, dans l'âme de notre vaillante armée, la volonté de vaincre, si cette volonté pouvait être accrue, si elle n'était pas, depuis les journées immortelles de la Marne, égale à la certitude même de vaincre.

J'apporte à la ville de Nancy, à tous ceux qui ont su résister aux premières émotions, à ceux qui ont gardé le calme dans l'épreuve, le salut cordial de la nation.

PAROLES DE REGRET

« Il ne servirait de rien, écrit M. Mirman dans sa circulaire aux maires du département de Meurthe-et-Moselle, il ne servirait de rien de diminuer le bilan des bombardements de Nancy. Mais il serait criminel de l'exagérer. »

C'est une parole sage.

Pour que les populations n'eussent pas une tendance à exagérer le bilan des pertes civiles, il suffirait de laisser les journaux dire ce qui est advenu. On se garde bien d'en rien faire.

La presse est un instrument d'une puissance prodigieuse pour le bien comme pour le mal. Pourquoi ne l'utilise-t-on pas quand elle ne demande qu'à faire le bien ?

Les journaux auraient le premier jour unanimement déclaré, — comme l'a affirmé le préfet le lendemain, et par les journaux mêmes, — que le 1er janvier il y avait eu trois personnes tuées par les obus, qui s'en serait effrayé ?

Faire taire les excitations ? Brider les énerve-

ments? Imposer le silence aux affolés? Personne
n'y songe. Autant vaudrait tenter de refouler le flot
qui monte de la mer en furie.

Un seul régulateur existe capable de calmer
l'opinion publique, c'est le journal. Supprimer ce
régulateur ou gêner son fonctionnement, c'est laisser à la folie le soin de rythmer les battements du
cœur.

Il est pénible de constater que l'on préfère se
fier à l'ignorance imposée et ordonner un silence
que jamais on n'obtiendra.

La presse, si parfois elle raisonne mal, du moins
raisonne. La foule, pas. Elle est entraînée par des
émotions justifiées ou non, qui ne réservent aucune
place à la réflexion. Elle est capricieuse parce
qu'elle obéit aux sursauts de l'imagination. Son
âme est insaisissable parce qu'elle est composée
de mille et mille âmes. Rien n'exerce d'influence
sur elle que la presse par ses mille et mille feuilles
légères et semblables à elle. La presse pénètre partout. Et, quoi qu'on en ait, on est impressionné
par ce qu'elle dit, par ce qu'elle écrit, par ce
qu'elle rapporte.

Pourquoi, pourquoi mettre au rebut cette puissance d'apaisement, pourquoi ne point l'utiliser si
elle procure aux nerveux l'indispensable cordial
qui remonte l'énergie?

En temps de guerre, dissimuler les pertes, c'est
exciter à l'exagération. Quand trois personnes

meurent, et qu'on ne parle pas de leur décès, l'imagination publique, contre laquelle on ne peut rien, proclame trois cents victimes, et bientôt trois mille.

Ceci n'est pas bien compliqué. C'est une psychologie à la portée de tout homme qui n'a pas perdu son sang-froid. Faut-il croire qu'elle est encore supérieure à certaines routines récemment inaugurées ?

J'écris sans aucune colère, avec la seule douleur qui m'étreint à la pensée que le journal pourrait facilement faire beaucoup de bien, et qu'il est forcé de se taire. Que cela est triste, et encore que nous soyons exempts de reproches, que de reproches nous sentons autour de nous !

Ceux qui sont partis et qui méritent toute notre sympathie, diront :

— Ah ! monsieur, si nous avions su !

Et s'ils ne savent pas, c'est parce que nous n'avons rien dit. Et si nous n'avons rien dit, c'est parce qu'il nous était interdit de rien dire.

Oui, quelle tristesse, lorsqu'on a le pouvoir de calmer tant d'angoisses, de garder le silence devant les cœurs anxieux !

10 janvier 1916.

RENSEIGNEMENTS
PRATIQUES ET TECHNIQUES

Comme on cherchait de tous côtés des renseignements sur la façon dont avait été bombardée Dunkerque, pour tenter d'établir des considérations réconfortantes, une lettre nous vint, le 12 janvier, d'un capitaine lorrain d'artillerie qui avait spécialement étudié les tirs du Nord.

La voici :

« I. — D'abord il n'y a rien à craindre la nuit, surtout en cette saison où les nuits sont longues et obscures.

« Nous avons été bombardés en été, à $2^h 3o$ du matin, ce qui est plus ennuyeux.

« Il faut que les personnes qui ont peur aient la force morale d'observer le premier coup. Voici pourquoi. L'avion boche vient survoler Nancy à une grande hauteur. Au moyen de son appareil T. S. F. il signale le coup qu'il a vu. Si le coup tombe dans un but cherché, on peut être sûr que les coups qui suivront tomberont dans les environs du même but, ou, en tout cas, dans la même ligne de tir.

« Ces canons monstres ne peuvent pas tirer la nuit.

« Ils ne peuvent pas non plus changer léur ligne de tir, à cause des difficultés de réglage.

« A des distances de 38 à 40 kilomètres les Boches tirent dans le tas. Et comme une ville de l'importance de Nancy leur donne un champ de tir très étendu, il leur suffit que l'avion signale le premier ou le second coup, et dise : « Vu », pour que le tir continue en envoyant les obus dans un grand rectangle dont les petits côtés ne s'éloignent pas beaucoup de la ligne médiane.

« Il suffit à notre T. S. F. de saisir, d'intercepter le télégramme boche pour échapper à un bombardement. L'avion signalait : « Pas vu », et le canon boche a été obligé de se taire et de remettre son tir à un autre jour.

« Donc observer le premier et le second coup. Si le point de chute n'est pas à proximité, l'observateur peut être tranquille.

« La grosse Bertha ne peut pas arroser.

« II. — A la distance de 38 à 40 kilomètres le projectile met quatre-vingt-quinze secondes pour arriver au but. Si donc on peut faire là-bas ce que l'on fait ici, mes braves compatriotes seront encore mieux en sécurité.

« Voici comment. Sur le front, en un point à

déterminer, on établit un poste téléphonique qui a pour mission d'avertir; dès qu'il a vu la lueur du coup, le poste presse un bouton et signale : « Coup parti. » En même temps il met en activité, dans notre port, une sirène énorme, que nous appelons la Vache à cause de son mugissement assourdissant. Cette sirène sert, en temps de paix, placée à l'entrée du port, à guider les navires par temps de brouillard.

« Il faut trente à trente-cinq secondes pour mettre tout cela en mouvement et arriver ici. Il reste donc soixante secondes pour se mettre à l'abri. C'est suffisant pour descendre à la cave, où l'on est en sécurité, surtout à Nancy où les voûtes des caves sont en moellons, parce que les obus, arrivant sous un angle de chute très grand en raison de leur trajectoire, éclatent toujours en percutant, c'est-à-dire en touchant le sommet en une partie quelconque d'une maison. Si la maison est démolie ou éventrée, l'explosion s'étant produite en haut, il ne reste plus assez de force et de poids aux éclats pour enfoncer la voûte de la cave.

« III. — Démolition du canon. On ne peut faire un tir d'efficacité sur une pièce de ce calibre qu'autant qu'elle est repérée par un observateur en avion qui survole le canon au moment du tir. Il procède comme l'avion boche, mais par moyens inverses.

« Un canon de ce genre est placé sous une carapace énorme en ciment armé, et il faut démolir la casemate avant de songer à toucher au canon, dont le tube ne sort que de 1 mètre à 1^m 5o environ. Il faudrait un coup absolument heureux pour toucher utilement au canon. C'est d'abord son abri qu'il faut démolir, et, on peut être tranquille, il sera démoli. Nos artilleurs ne tarderont pas à trousser les jupes à la grosse Bertha.

« Je me résume. Pas d'affolement. Du calme, de l'observation. Se rendre compte de la ligne de tir, et agir en conséquence.

« Le canon tire assez vite pour les premiers coups : trois à quatre minutes d'intervalle entre les coups. La moyenne des intervalles semble être de sept à dix minutes. J'ai chronométré les tirs à Dunkerque. Mais le canon est soumis à une charge telle qu'il faut interrompre le tir pour refroidir l'âme de la pièce ; 25 ou 3o coups par jour ; maximum 33 : c'est tout ce que le canon peut envoyer.

« Après 15o ou 16o coups le canon est hors d'usage. »

Cette lettre qu'il ne fut pas permis de publier, mais dont plus de mille copies circulèrent sous le manteau, fit beaucoup de bien à la population.

Que le canon mourût après 15o obus, c'était déjà une consolation, pour l'avenir.

Qu'on pût le repérer et le démolir, personne n'en doutait plus après cette consultation, exacte dans les observations principales.

Qu'il ne fût pas capable de changer sa ligne de tir, ni d'arroser, ni de tirer pendant la nuit, c'était aussi une indication précieuse.

Plus tard on devait, à regret, constater que la grosse Bertha changeait sa ligne de tir, arrosait et envoyait des obus aux heures les plus noires de la nuit.

Mais pendant une assez longue période tout le monde se réjouit. Il ne faut pas plus que quelques illusions pour être heureux.

UN INCENDIE

On courait dans les couloirs de l'hôtel. Mais comme j avais résolu de ne point me lever cette nuit-là, et qu'au surplus j'étais dans mon premier somme, je m'obstinais à rester au lit.

Puis les appels devinrent plus distincts.

— Le feu ! le feu ! le feu !

La volonté de dormir en était troublée profondément.

— Le feu aux Réunis !

C'était plus grave. Un incendie aux Magasins Réunis, cela pouvait atteindre le journal. Il fallait de toute nécessité abandonner le lit chaud.

— Allons !

Quelques minutes après je frissonnais dans la rue. Il était 3^h 20.

Les flammes éclairaient déjà d'un rouge vif la façade du magasin qui donnait sur la place de la Gare. Les fenêtres éclataient, s'avivaient de quelques points lumineux, laissaient passer les étincelles et la flamme qui aussitôt léchait les murs avec des airs de volupté.

Le spectacle était si merveilleux qu'on ne pouvait bouger de l'endroit où on s'était arrêté pour le contempler.

Le péril était pourtant pressant. Les étincelles fusaient au-dessus des toits et étaient conduites par le vent en ruissellement continu contre l'hôtel de l'*Est*. Il fallait parer aux désastreuses éventualités.

A tous les étages je fis préparer les seaux d'eau. Les fenêtres craquaient sous la chaleur de l'incendie, tout comme si elles avaient été jetées dans le brasier. Les vitres se fendillaient, puis éclataient et tombaient avec ce petit rire enfantin que nous avions déjà entendu pendant les bombardements.

Je postai des hommes aux endroits menacés, avec la mission d'arroser rapidement tout ce qui commencerait à flamber chez nous, et, un peu rassuré, je montai sur le clocheton pour étudier les progrès du sinistre.

Les flammes ne sortaient pas encore à grandes envolées. Elles attaquaient, minaient, rongeaient, fendaient et fondaient les murs.

La tourelle de la rue Saint-Jean, qui avait comme armature la cage de l'ascenseur, était toute rouge à la base. Elle se pencha un peu, s'affaissa et s'écroula sur la chaussée.

Le Mercure de bronze, que je voyais à ma hauteur, se détacha lentement, puis glissa et, comme en un vol plané, descendit et s'étendit devant la maison, sans une blessure.

Le feu, dégagé, s'élança vers le ciel avec fureur, grondant, tumultueux, pareil à une mer rouge dont les vagues sanglantes déferlaient contre les cloisons qui s'effondraient à grand fracas.

La lutte des hommes contre cette prodigieuse destruction était vaine. Le jet des lances à eau semblait ridicule. La flamme emportait tout, détruisait tout, anéantissait tout.

Et l'on restait muet devant ce désastre qui éclairait la ville d'une lumière sinistre.

De formidables secousses annonçaient l'écroulement des toitures sur le sol. Une à une les colonnes de pierre de taille soutenant les fermes métalliques entraînaient dans le brasier les planchers et les charpentes.

Les façades disparaissaient dans la fumée, se tassaient, s'émiettaient, se couchaient au long de la chaussée.

L'effroyable catastrophe jetait la consternation au cœur de la ville. La lueur de l'incendie pénétrait dans toutes les maisons, malgré les fenêtres closes.

On ne pouvait pas résister au désir de contempler une dernière fois ce qui restait des magasins dont la renommée amenait à Nancy les populations de toute la Lorraine. Devant le brasier sans cesse renaissant la foule se pressait, admirant l'horreur du désastre, frappée d'une silencieuse stupéfaction.

Et bientôt il ne restait plus de cet immense bâtiment, où les Corbin et les Masson avaient consacré une longue existence de labeur, et qui par son caractère particulier d'art était devenu une des gloires de Nancy, que d'informes débris et des ruines tragiques.

Un jeune lieutenant qui, pendant l'incendie, n'avait cessé de photographier les innombrables aspects de la catastrophe, et qui sans doute n'obtint que des plaques noires, replia son appareil et dit :

— Ce n'est pas douteux. Vous serez bombardés dans la journée.

On ne fut pas bombardé.

16 janvier 1916.

PRÉCAUTIONS

Le 13 janvier 1916, la Banque Renauld publiait la note suivante :

« Nancy, vient de nous déclarer M. le Président « de la République, paie la rançon de sa liberté. »

« Faible rançon, on en conviendra, comparée à celle de Reims. Tout d'ailleurs, plutôt que l'occupation. Or l'occupation nous a été épargnée, et nous avons connu du bombardement infiniment plus les angoisses que les effets.

« Les circonstances nous ont imposé plusieurs mesures que voici : Nous avons provisoirement limité les heures d'ouverture de nos bureaux de 16^h 3o à 18^h 3o, comme tous nos confrères. Nous avons transféré la portion de notre personnel, notamment celle de la comptabilité, que ne pouvaient abriter nos caveaux, dans un local plus rapproché de la périphérie ; nos clients voudront bien redoubler de bienveillance tant que la concentration de nos services ne sera pas rétablie. Quant à nos caveaux, ils avaient été prévus avec toutes les garanties auxquelles est exposée une ville frontière, et ces dispositions viennent encore d'être renforcées. »

TOCSIN ET SIRÈNE

Le 14 janvier paraissait une note municipale sur les avertissements par sirène et tocsin :

« Le public est avisé que samedi 15, à partir de 4 heures de l'après-midi, des essais seront faits au moyen d'une sirène très puissante. Les coups de sirène entendus à partir de cette heure n'auront donc, en aucune façon, le sens d'un signal d'alarme.

« Mais dès la matinée du lendemain dimanche la sirène fonctionnera. Elle est chargée d'avertir qu'un bombardement à longue distance est imminent ou simplement possible. Elle donnera, suivant les cas, deux signaux très distincts :

« 1° *Un sifflement prolongé et continu pendant trois minutes.*

« Ce signal indiquera que le coup est parti. Entre ce moment et celui où l'obus atteindra la fin de sa course s'écoulera un délai naturellement très court ; on espère qu'il ne sera pas inférieur à cinquante secondes. Il permettra aux personnes qui se trouvent dans la zone dangereuse, à l'intérieur des maisons munies de caves, de se réfugier en celles-ci, en hâte mais sans précipitation. Il permettra aussi à celles qui, dans cette zone, se trouvent dans la rue, de se réfugier, à défaut d'une cave toute proche, dans une maison quelconque, car il est manifeste que le danger est beaucoup plus grand dans la rue même où l'on peut être atteint par les éclats d'une bombe tombée à quelques centaines de mètres.

« 2° *Des sifflements successifs de durées courtes et égales.*

« La durée ne peut être à l'heure actuelle précisée, et c'est l'un des points qui doivent être fixés par l'expérience de samedi.

« Ce signal aura un sens différent du précédent et que voici : il arrive fréquemment que l'ennemi, avant de tirer avec une grosse pièce à longue portée comme celle qui a tiré sur Nancy, et pour rendre plus difficile à l'adversaire le repérage de la pièce, crée tout autour d'elle un nuage artificiel d'assez vaste étendue.

« Le signal défini plus haut fera connaître à la population que ces nuages ont été nettement observés.

« Il comporte une triple incertitude.

« En premier lieu, ce nuage peut être produit sans que la pièce tire. Ce fait a été constaté à plusieurs reprises dans les régions où des pièces de ce genre ont agi sur des villes françaises.

« En second lieu la pièce peut tirer sans que ce nuage artificiel ait été créé.

« En troisième lieu, lorsque, après l'apparition du nuage, la pièce tire effectivement, il s'écoule entre les deux faits un délai variable, qui est généralement de plusieurs minutes, quelquefois davantage.

« En d'autres termes, ce signal ne peut avoir d'autre sens que celui-ci : « Tir possible et qui, « s'il a lieu, se produira vraisemblablement d'ici « quelques minutes, peut-être même un peu plus « tard. »

« Il est impossible de donner à ce sujet plus de précisions. Il appartiendra à chacun de prendre, le cas échéant, les dispositions personnelles qu'il jugera les meilleures.

« Le tocsin agissant seul continuera à être employé pour annoncer la proximité d'un avion ennemi; nous rappelons qu'il importe essentiellement qu'à ce signal les personnes qui se trouvent dans la rue cherchent abri sans tarder dans une maison quelconque.

« Pour plus de sûreté le tocsin sonnera, au moins les premiers temps et jusqu'à nouvel ordre, en même temps que la sirène; l'expérience établira vraisemblablement que ce surcroît de précautions est inutile et que la sirène est assez puissante pour que son intensité n'ait besoin d'être renforcée par aucun autre son. Un avis ultérieur sera publié à cet effet.

« Enfin, dans l'éventualité d'un raid de zeppelins sur Nancy, on cherchera à utiliser la sirène en vue de donner un signal très nettement distinct des deux signaux définis ci-dessus ; la nature exacte de ce signal ne pourra être déterminée qu'après les essais qui auront lieu samedi.

« La population de Nancy ne verra dans le présent avis et dans les précautions qu'il expose aucune annonce d'événement fâcheux. Ce n'est pas appeler le danger que de prendre des mesures de ce genre destinées à en réduire le risque au cas où il viendrait à apparaître. »

VILLE DE NANCY

SONNERIES DE CLOCHES

LE MAIRE DE LA VILLE DE NANCY,

Attendu qu'en raison des circonstances, il convient d'éviter les confusions auxquelles pourraient donner lieu les différentes sonneries de cloches ;

Vu la loi du 5 Avril 1884 ;

ARRÊTE :

ARTICLE PREMIER. — Les sonneries paroissiales sont interdites dans la Ville de Nancy, à l'exception des sonneries d'enterrements, strictement limitées à celles qui accompagnent l'entrée du corps à l'église et le départ pour le cimetière.

ART. 2. — Les sonneries annonçant les heures auxquelles les habitants doivent pourvoir au balayage de la voie publique seront supprimées jusqu'à nouvel ordre.

ART. 3. — Il le Commissaire central de Police est chargé d'assurer l'exécution du présent arrêté, qui sera publié et affiché.

Nancy, le 17 janvier 1916.

Le Maire,

G. SIMON.

RÉPUBLIQUE FRANÇAISE

VILLE DE NANCY

ARRÊTÉ

INTERDISANT les SONNERIES de CLOCHES

et l'emploi des

SIRÈNES INDUSTRIELLES

Le Maire de la Ville de Nancy,

Vu la loi du 5 avril 1884, et notamment l'article 97 ;

Vu l'arrêté municipal du 17 janvier 1916, relatif aux sonneries de cloches ;

Attendu que, dorénavant, les avertissements, en cas de bombardement, seront donnés au moyen de cinq sirènes placées en différents points de la Ville ; que, pour éviter toute confusion, il convient de modifier et de compléter l'arrêté sus-visé ;

ARRÊTE :

Article premier. — L'arrêté municipal du 17 janvier 1916 est modifié et complété de la manière suivante :

Toutes les sonneries de cloches, y compris celles effectuées dans certains établissements, pour le service intérieur, sont interdites à Nancy.

Exception est faite pour les sonneries d'enterrements, strictement limitées à celles qui accompagnent l'entrée du corps à l'église et le départ pour le cimetière.

Les sonneries annonçant les heures auxquelles les habitants doivent pourvoir au balayage de la voie publique sont supprimées jusqu'à nouvel ordre.

Est également prohibé l'emploi des sirènes et des sifflets avertisseurs dans les établissements industriels ou les manufactures de Nancy.

Article 2. — M. le Commissaire central de Police est chargé d'assurer l'exécution du présent arrêté, qui sera publié et affiché.

Nancy, le 28 février 1916.

Le Maire,

G. SIMON.

SONNERIES DE CLOCHES

Le 17 mai, le maire de la ville de Nancy publiait l'arrêté suivant :

« Attendu qu'en raison des circonstances il convient d'éviter les confusions auxquelles pourraient donner lieu les différentes sonneries de cloches ;

« Vu la loi du 5 avril 1884,

« ARRÊTE :

« Art. 1. — Les sonneries paroissiales sont interdites dans la ville de Nancy, à l'exception des sonneries d'enterrements, strictement limitées à celles qui accompagnent l'entrée du corps à l'église et le départ pour le cimetière.

« Art. 2. — Les sonneries annonçant les heures auxquelles les habitants doivent pourvoir au balayage de la voie publique seront supprimées jusqu'à nouvel ordre.

« Art. 3. — M. le commissaire central de police est chargé d'assurer l'exécution du présent arrêté, qui sera publié et affiché.

« Nancy, le 17 janvier 1916.

« *Le Maire*, G. SIMON. »

« *CIVIS GLORIOSUS* »

L'antiquité nous a légué le soldat de l'extrême-arrière, bavard et fanfaron, qui explique avec un verbe abondant ce qu'est la guerre et quels sont ses périls, et comment il convient d'organiser l'attaque pour détruire la puissance ennemie.

Le *Miles gloriosus*, de Plaute, est de toutes les époques, porte-épée de bois, bravache enflé de vanité. Mais s'il existe toujours, il fait beaucoup moins de bruit et agit dans l'embuscade avec quelque discrétion.

Aucun auteur n'a songé encore, sans doute parce que les événements ne l'avaient pas créé, à fixer le type du civil grincheux et avantageux, à qui le courage d'autrui sert de valeur personnelle, et qui estime à peu de chose les dangers courus par ses contemporains.

Nous avons maintenant le *Civis gloriosus*, — le civil fanfaron, — qui, au coin d'une table de brasserie, à Saint-Gaudens, Aubagne ou Quimper, vous expose en trois points, et même en davantage, comment il est indispensable, si l'on est digne du nom de Français, de monter sur les toits lorsque tombent les obus.

Le *Civis gloriosus* est de gestes larges. Il ne connaît de sa petite ville que le cours, le mail, la musique militaire, le café du Commerce et la manille aux enchères. S'il est à Paris, il fréquente de préférence les terrasses des boulevards et les petits théâtres.

Le *Civis gloriosus* n'admet pas, dans son stoïcisme pourvu de tout le confort moderne, que certains de ses compatriotes souffrent plus particulièrement de la guerre.

Il proclame que l'existence des tranchées est autrement joyeuse que la vie de château. Il assure que les gens de Reims, de Dunkerque, de Pont-à-Mousson, de Saint-Dié, de Nancy sont aux délices et prisent les éclats d'obus à l'égal des plus exquises douceurs.

Devant la photographie d'une maison écrasée par le formidable poids de la ferraille tombée du ciel, il dit :

— Peuh ! qu'est-ce que c'est que ça ?

A peine saluerait-il le convoi d'un enfant tué par une bombe. Il considère la mort des autres comme une sorte d'injure personnelle à sa vie.

Si le communiqué indique en termes concis qu'une cité a été bombardée, le *Civis gloriosus* daigne sourire. Mon Dieu ! Que ces gens de l'État-major attachent d'importance à des choses négligeables! Et quels sacrifices n'est pas disposé à consentir le *Civis gloriosus* tant qu'il n'est menacé de l'aile du taube que par son feuilleton quotidien!

Le *Civis gloriosus* a pour forteresse le pyrogène de sa table, et pour armées des centaines d'allumettes qu'il met tranquillement dans sa poche après avoir gagné, un peu avant le dîner, la tournée d'apéritifs et une victoire décisive.

La douleur silencieuse des populations qui connaissent les horreurs de l'invasion, le grondement du canon, le fracas du bombardement, l'explosion des bombes, le ciel sans cesse menaçant, ne lui sont rien. Il guette la moindre défaillance des nerfs exaspérés pour s'en réjouir à son aise avec les admirateurs de sa vaillance verbale.

Le *Civis gloriosus* n'est point, à proprement parler, un malade. C'est un monsieur qui ne sait pas et parle des faits du jour comme on parle d'un sport médiocrement intéressant ou d'une tragédie en vers.

N'ayant rien vu de la guerre, il ne peut se la figurer telle qu'elle est. S'il feuillette des illustrés sur Gerbéviller ou sur Nomeny, il déclare avec un esprit caustique que, ma foi, les Allemands se montrent supérieurs dans les entreprises de démolition, et, l'âme sereine, il va se coucher dans sa maison silencieuse et bien chauffée, dont les vitres tiennent bien, et dont le toit ne sera jamais percé à jour par quelque pluie de fer.

Le *Civis gloriosus* est le porte-drapeau des courages qui ne risquent rien.

Je connais peu de gens de cette qualité, et je crois qu'il n'en existe guère. Je sais qu'il y en a cependant.

Pour les documenter et leur donner le ton qui convient, je propose qu'on envoie les civils fanfarons en villégiature pour quelques jours, — dans une cave, car on ne leur veut pas de mal, — à Nancy.

19 janvier 1916.

PLACE DE PONT-A-MOUSSON. — RIVE GAUCHE

Précautions à Prendre

par la

Population civile en cas d'attaque allemande

Par GAZ ou OBUS ASPHYXIANTS

I. — ALARME : La population est prévenue :

1° Par la sonnerie du tocsin de l'église Saint-Laurent ;

2° Par la sonnerie de la cloche de l'Hôtel de Ville ;

3° Par les sonneries électriques employées pour annoncer un danger imminent (bombardement probable, passage d'avions ennemis), mais qui, pour la circonstance, fonctionneront par intermittences rapides, c'est-à-dire par petits coups successifs ;

4° Par des roulements de tambour.

Tous les moyens de transmission d'alarme seront mis en œuvre simultanément dès que le danger sera signalé.

Au premier signal d'alarme, chaque habitant devra revêtir le masque protecteur qui lui a été distribué. Ce masque est revêtu sans aucun inconvénient par les enfants, même en bas âge.

II. — Cas d'émission d'une nappe de Gaz.

Les habitants gagnent les étages supérieurs des maisons les plus élevées, munis de leurs masques.

Fermer hermétiquement les ouvertures placées du côté d'où vient le nuage.

III. — Cas d'attaque par Obus Asphyxiants.

Après avoir revêtu leurs masques, les habitants gagnent les caves aménagées spécialement pour servir de refuge et qui leur ont été désignées à cet effet.

Ne courir en aucun cas dans les courts déplacements prévus ci-dessus.

Des masques protecteurs seront distribués aux habitants par les soins des Dames du Poste de Secours installé place Duroc (ancienne Pharmacie Defiin).

Ces Dames enseigneront la manière de se servir des masques.

Il est recommandé aux Habitants de porter constamment leurs masques avec eux

Pont-à-Mousson, le 1er Février 1916.

Le Maire,
Ch. GAUTHEROT.

Le Colonel, Commandant d'Armes
de NANSOUTY.

PRÉCISIONS ET PRÉVISIONS

Tous les citoyens se préoccupaient de connaître exactement la nature du danger qui les menaçait. Quelques-uns donnaient des conseils un peu fous. D'autres, mieux documentés, essayaient d'analyser le péril avec exactitude, et de fournir aux habitants de Nancy des précisions pour qu'ils prissent les précautions nécessaires.

Un commandant d'artillerie, chargé en temps de paix de la construction des canons, me communiqua le rapport suivant, qui contient des erreurs, mais qui, s'il avait été permis de le publier, aurait été accueilli avec satisfaction.

BOMBARDEMENT DE NANCY

1er, 2 et 4 janvier 1916.

Durée. — Samedi 1er janvier (10 obus) :

Premier coup. 9h45
Deuxième coup 10
Troisième coup 10 30
Quatrième coup. 10 45
Les suivants plus rapprochés.
Dernier coup 11h20

Durée. — Dimanche 2 janvier (2 obus) :

>   Premier coup. . . . . . . 12^h45
>   Deuxième coup 12 49

Durée. — Mardi 4 janvier (8 obus) :

>   Premier coup. . . . . . . 11^h20
>   Les autres à intervalles égaux.
>   Dernier coup 11 50

Nancy est bombardée par deux pièces de marine, diamètre 380, longueur 20 mètres.

Elles sont placées à 26 kilomètres.

Elles tirent sous un angle de 40°, c'est-à-dire qu'elles ne sont pas à leur maximum de portée qui serait atteint à 45°.

Le projectile décrit une trajectoire dont voici les caractéristiques :

Au départ, vitesse initiale 800 mètres.

Angle de tir 40°.

Au sommet de la trajectoire, c'est-à-dire à environ deux tiers de la course, le projectile atteint une hauteur de 6.500 mètres et n'a plus qu'une vitesse de 200 mètres par seconde.

A la descente, le projectile accélère sa marche et atteint 400 mètres en touchant le sol. C'est ce qui explique pourquoi ceux qui le reçoivent ne l'entendent pas arriver, puisque la vitesse du son n'est que de 340 mètres. L'angle de chute (dans le voisinage du tir qui nous intéresse) est toujours de 12° environ supérieur à l'angle de tir, c'est-à-dire qu'il est pour nous d'environ 52°, pas loin de la verticale pour la maison qui le reçoit.

RENSEIGNEMENTS D'AUTRES PROVENANCES

Projectile : l'obus, à fusée percutante, est en merveilleux métal, acier au ferro-nickel d'après l'analyse faite à l'Institut.

Ses parois ont 4 centimètres d'épaisseur.

Il pèse au moins 600 kilos, et cela donne une idée de la charge d'explosif qu'il peut contenir.

D'après les chiffres donnés plus haut l'obus a une vitesse moyenne de 433 mètres, et nous arrive en soixante secondes.

Ce fait de le recevoir avant de l'entendre contribue beaucoup à le rendre terrifiant.

L'explosion est un phénomène curieux. Pour l'apprécier il faut être dehors, en terrain bien découvert.

Le premier éclatement est formidable, aigu, avec une belle et claire sonorité de métal. Il couvre toute la ville et bien au delà probablement.

Près de la zone de feu les gens l'entendent au-dessus de leur tête, et beaucoup croient encore aujourd'hui que le projectile éclate en l'air.

Une seconde de silence, un fort roulement, et un second éclatement beaucoup moins puissant que le premier et que personne n'a encore pu expliquer.

Enfin une série de roulements pendant quinze

secondes comme si les collines environnantes renvoyaient l'écho.

Ce n'est pas l'écho, mais probablement l'effet produit par le déplacement d'air.

Les soldats du camp de Châlons qui ont reçu des marmites semblables ont enregistré le même bruit.

Départ : ici, nous n'entendons pas le coup de départ qui devrait nous arriver après soixante-seize secondes. Cependant les pièces ne sont pas loin (26 kilomètres).

Cela tient sûrement à ce fait qu'elles sont placées derrière un obstacle, une côte, par exemple.

Un de mes proches qui habite le sommet entre Le Val et Plombières nous écrit :

« Nous avons très bien entendu vos bombardements. »

Or, il est à 96 kilomètres des pièces.

Zone de feu : on peut inscrire les vingt bombes dans un rectangle de 250 mètres de largeur et de 1.600 mètres de longueur.

La largeur relativement étroite fait voir combien la ligne de tir est précise, et ceci peut rassurer ceux qui demeurent en dehors.

La longueur l'est beaucoup moins, et ceci peut à juste titre inquiéter les habitants de la ligne de tir.

RÉSULTATS

Tués, blessés : après 20 obus la préfecture accuse :

Six morts, quelques blessés grièvement dont aucun n'est mort, quelques blessés légèrement.

Dégâts matériels : une dizaine de maisons écroulées. Quelques autres tellement disloquées qu'il faudra sans doute les abattre.

Quand on réfléchit aux dimension, poids, quantité d'explosif, vitesse du projectile, on reste un peu surpris de ces maigres résultats.

Il a fallu évidemment que les circonstances soient très favorables.

Dommages moraux : le premier bombardement, celui du 1er janvier, a laissé la population très calme, parce que, sauf ceux qui recevaient les obus, les autres ne se rendaient aucun compte de ce qui se passait.

L'après-midi les promeneurs sont venus par milliers voir les résultats du bombardement, et là leur état d'esprit s'est transformé. Ils ont été terrorisés.

Les deux obus du dimanche 2 janvier ont aggravé le mal.

Les huit obus du mardi 4, tirés en trente minutes, l'ont aggravé encore.

Tous ceux qui habitaient la zone du feu, commerçants, bourgeois et autres, se sont sauvés, et cela avec juste raison.

La vie commerciale est momentanément paralysée.

Pronostics : les avis sont variés.

Quand on songe à Arras, Reims, Pont-à-Mousson, on se dit qu'il n'y a pas de raison pour que cela finisse.

La visite du Président nous rassure un peu.

Quant aux Boches, en prolongeant leur manœuvre, ils tueront quelques civils de plus et détruiront beaucoup de maisons particulières... Et puis ?

Nous sommes soutenus par l'espoir suivant : ils ne changeront pas leur ligne de tir dont l'axe est connu. Ils ne tireront pas la nuit pour diverses raisons.

Nous arriverons peut-être d'ici peu à paralyser leurs pièces.

20 janvier 1916.

LA ZONE DANGEREUSE

— C'est évident, dit Delhaize, c'est évident.

Et Slingsby, qui avait suivi mon raisonnement avec une attention nerveuse, répéta :

— Oui, c'est évident.

Slingsby était vice-président du Conseil de préfecture. Il avait conservé pour la cavalerie, où il avait servi, une admiration débordante. Cependant les tirs à longue portée dont souffrait Nancy pendant tout ce mois de janvier l'avaient intéressé prodigieusement aux choses de l'artillerie, et il avait acquis rapidement une documentation précise qui nous était précieuse.

Tous trois nous nous penchions sur le plan de la ville que j'avais apporté, et où j'avais noté les points de chute des obus allemands.

— Voilà, expliquai-je. C'est bien par hasard que j'ai rencontré la zone dangereuse. Je pointe, à mesure que je les connais, les maisons et les rues où sont tombées les grosses marmites.

Or, en pliant ma carte, je me suis aperçu que mon pointage suit une ligne de haut en bas. J'ai mesuré la longueur sur laquelle sont distribuées mes croix. J'ai trouvé 1.700 mètres. J'ai aussi mesuré la largeur. L'obus qui est à l'extrême droite est à 225 mètres de l'obus qui est à l'extrême gauche.

Donc la zone dangereuse a 1.700 mètres de long sur 225 mètres de large.

— Oui, ce n'est pas contestable.

— Par conséquent si on se trouve hors de cette zone on ne risque rien.

— Oui, dit Slingsby. Je ne suis pas dans la zone.

— Moi non plus, fit Delhaize.

— Je crois que vous feriez bien, ajouta Slingsby, de faire part de cette découverte à la population.

— Oh ! oh ! cher ami, vous avez de bonnes plaisanteries. Comme homme, vous me donnez ce conseil, et je l'apprécie. Mais, comme président du Comité de censure, me permettrez-vous de publier pareil avis ?

— Bah ! avec des précautions... et sans préciser...

— Comment voulez-vous que je parle d'une zone dangereuse et que je ne précise pas ? Chacun s'imaginera que sa maison est au centre même de la zone.

— Oui, oui... C'est embarrassant.

Slingsby caressait sa moustache de ses doigts souples, et Delhaize réfléchissait.

— Pourtant, il serait intéressant pour la population de savoir qu'elle risque moins ici que là.

— Très intéressant. Si intéressant même que ce matin j'ai réuni mon personnel, et je l'ai renseigné sur les endroits où le danger est plus pressant, et les quartiers où il est moins grave, sinon complètement nul. J'ai indiqué à mes ouvriers et à mes employés — je ferai la même chose pour tous mes amis — les maisons d'où il est prudent de s'écarter, et leur ai recommandé de filer directement à droite ou à gauche dès le premier obus.

— C'est évident. Évident.

Nous nous creusions la tête devant ce cas de conscience, et Slingsby, dont le rôle était d'empêcher toute publicité sur ce sujet, n'était pas le moins tourmenté.

— La chose la meilleure, à mon sens, ajoutai-je, c'est, au risque de passer pour des espions ou des pessimistes, de signaler cette observation à toutes les personnes que nous connaissons. Elles en tireront le parti qui leur conviendra. Nous aurons fait notre devoir.

— Ça ne fait rien, objecta Slingsby, c'est un tir rudement admirable. A plus de 30 kilomètres obtenir une semblable précision ! Je n'aurais jamais cru que ce fût possible !

— Oui. L'artillerie a fait des progrès depuis l'époque où vous visitiez à cheval les forts de la Meuse.

— Et c'est nous qui les recevons sur la tête, les progrès. C'est bien ennuyeux.

Delhaize sortait de ses réflexions.

— Assurément ce que vous nous présentez là, ce

plan, ce n'est pas discutable. La rigueur du tir est peut-être aussi un effet du hasard.

— Effet curieux !

— Effet curieux, oui. Le hasard a de ces coïncidences. Je voudrais savoir, pour être complètement informé, si les tirs sur Dunkerque ont été aussi exactement dirigés. Alors on pourra comparer et déduire à coup sûr.

— Ce serait excellent en effet. Mais je n'ai pas de plan de Dunkerque, et le peu de précisions que l'on trouve dans les communiqués ne nous offrira rien. Nous sommes obligés de nous contenter de ce que nous avons, et ce plan de Nancy ainsi annoté me paraît on ne peut plus clair.

Une question brûlait les lèvres de Slingsby. Il savait qu'on ne pouvait pas y répondre honnêtement, mais il la lança quand même, pour se soulager.

— Et vous croyez que les Boches ne changeront pas de ligne ?

Nous nous mîmes à rire tous les trois, Slingsby aussi bien que nous.

— Ah ! ça, c'est une autre affaire ! S'ils changent de ligne, nous serons là pour le voir... A moins qu'ils ne nous privent de la vue en nous privant de la vie...

— Oui. Toutes ces choses-là ne sont pas extrêmement drôles, au fond.

Enfin il fut décidé que, chacun de notre côté, nous écririons à des amis de Dunkerque pour leur

demander comment s'étaient comportés les tirs là-
bas, et pour comparer ces tirs à ceux qui effaraient
notre cité. Il fallait faire cela avec la plus grande
discrétion, car une pareille lettre réclamée et
obtenue nous désignait inévitablement à l'attention
soupçonneuse de la police. On n'eût pas compris
que nous désirions des précisions de ce genre,
sinon pour les communiquer au plus vite à l'artillerie allemande.

Et, les jours suivants, aux tables de café, avec
des regards circulaires et apeurés, nous développ-
pions notre plan devant les amis, en leur disant :

— Vous voyez, là, puis là, puis encore là. C'est
la zone dangereuse. Deux cent vingt-cinq mètres
d'écart entre l'obus de l'extrême droite et l'obus de
l'extrême gauche. Un tir plus long ou plus court.
Plus long, les obus arrivent jusque-là. Plus court,
ils ne dépassent pas ces maisons.

Nous estimions que nous accomplissions un haut
devoir en exposant ces démonstrations, mais nous
l'accomplissions avec des airs de conspirateurs.

— C'est évident. C'est évident, faisaient les amis.

Et ils s'empressaient d'ajouter, avec un sourire
lumineux :

— Ah ! bon, je ne suis pas dans la zone.

Ou avec inquiétude :

— Sapristi ! mais la ligne passe chez moi.

21 janvier 1916.

QUATRIÈME BOMBARDEMENT

Le 23 janvier 1916, il était bien entendu, irréfutable, — les imbéciles et les gens de mauvaise foi étaient seuls capables de le nier — que la pièce qui avait tiré sur Nancy le 1er, le 2 et le 4 janvier était « amochée », démolie, pulvérisée. Des centaines de bons citoyens, admirablement informés, avaient vu les photographies de l'emplacement. On se réjouissait donc sans arrière-pensée, et on était allé se coucher avec sérénité.

Le 24, à 7 heures du matin, un premier obus tombait, sans que personne pût douter de cet argument qui renversait toutes les documentations en même temps qu'un bel immeuble.

Et à intervalles réguliers dix autres le suivaient, prouvant à la population que la grosse Bertha était tout à fait vivante, ressuscitée.

Les explosions se succédaient sans que d'ailleurs a ville s'en effrayât outre mesure.

A 7ʰ 5o c'était fini.

A 8ʰ 3o, Nancy avait repris son allure habituelle. Avec un peu plus d'animation toutefois, car d'innombrables curieux s'étaient immédiatement dirigés vers le quartier bombardé, dans l'espoir de recueillir des morceaux d'acier, tout au moins pour examiner les dégâts et les comparer aux précédents.

On était encore en foule devant les impressionnants entonnoirs quand, vers 11 heures, cinq avions allemands apparaissaient. Aussitôt on se rua sur les places publiques pour les voir et pour corriger par la voix les défectuosités du tir de barrage.

L'artillerie donnait tant qu'elle pouvait. Les bouquets des éclatements entouraient les machines volantes.

— Plus haut! criait-on.

— Trop à gauche! Trop à droite!

— Ah! celui-là!... En plein!

— Je donnerais bien cent sous pour en voir un piquer du nez.

— Oui, mais les explosifs?

— Ça ne fait rien.

Et on murmurait, et on applaudissait comme au théâtre.

Mais voilà que les bombes commencent à choir.

— Une! Deux! Trois!

Et les curieux de s'éparpiller, et chacun de chercher en grande hâte l'abri d'une cave. En un rien de temps les rues étaient vidées.

Les avions avaient jeté une vingtaine de bombes, fait voler quelques pavés, percé un certain nombre de toits. Ils se retiraient tranquillement, comme jouant parmi les flocons blancs de nos 75.

— Ah ! disait-on, en mettant avec précaution le nez dehors, en voilà assez pour la matinée, hein ! C'est l'heure de déjeuner.

— Oui. Mais ce soir ?

— Ce soir, on verra.

A l'heure de l'apéritif et à celle du café, les Nancéiens se félicitaient de la journée.

Le lendemain, les journaux de Paris nous apportaient des précisions, car il était interdit à la presse régionale d'écrire là-dessus la moindre ligne.

Le *Journal* disait :

« Le nouveau bombardement n'a pas causé de dégâts importants.

« Deux personnes ont été blessées, l'une peu grièvement, l'autre très légèrement. »

Le *Matin* écrivait :

« Cette effroyable averse de fer a juste réussi à effondrer quelques immeubles. »

Le *Petit Journal* racontait :

« Malheureusement on a déploré, outre deux blessés grièvement, la mort de trois personnes. »

Le *Temps* annonçait que les avions avaient lancé quelques fléchettes auxquelles étaient attachés des petits papiers prévenant les Nancéiens que dans quelques jours, à l'occasion de l'anniversaire du Kaiser, ils seraient gratifiés d'un nouveau bombardement.

Et l'*Écho de Paris,* relatant cette proclamation sensationnelle, ajoutait :

« Cet anniversaire tombe le 27 janvier. Nous verrons bien. »

Nancy ne tenait pas à « voir », mais était, ma foi, décidée à ne pas se troubler, si elle voyait.

On disait simplement :

— Ce tir est démonstratif. Il nous indique que la pièce est toujours braquée sur nous.

On terminait ainsi :

— Ce qui est certain, c'est que les obus sont tombés sur le même quartier, et pendant le jour. La grosse Bertha ne peut donc pas tirer la nuit ni changer de ligne.

C'est une consolation.

LA FÊTE DE L'EMPEREUR

Au début de la guerre, le dimanche était jour de mauvaises nouvelles. On était certain de lire dans les journaux des choses désastreuses, on assistait à l'arrivée des paysans qui fuyaient les villages incendiés, et on s'attristait au passage des blessés plus nombreux transportés par les automobiles d'ambulances.

Les jours de fête étaient aussi jours de mélancolie. On se rappelait qu'autrefois on se réunissait autour de la table familiale avec les parents et les amis. Et le rappel de cette gaîté d'antan assombrissait les esprits.

Puis la Noël avait été marquée par le passage d'un zeppelin.

Le bombardement par grosses pièces avait été inauguré le 1er janvier.

Tous les anniversaires étaient suspects, et on confondait dans la même méfiance nos fêtes et les fêtes allemandes.

Depuis une semaine le bruit courait en ville, — les journaux parisiens l'avaient relaté, — que, pour saluer la fête du Kaiser, qui est le 27 janvier, les Allemands nous enverraient assurément une nuée d'obus. Aucun raisonnement ne pouvait rien contre cette prévention sinistre. C'était un événement prévu, forcé, indiscutable.

Dès 3 heures du matin, en pleine nuit, la ville s'éveilla et commença à fourmiller par les rues.

Les ménagères avaient préparé des provisions qu'on irait manger à la campagne, dans les bois.

Les mamans avaient mis dans les petites voitures assez de couvertures pour que les enfants n'eussent pas froid.

Les papas, non sans murmurer un petit peu, s'étaient décidés à accompagner la famille.

Sans hâte, en bon ordre, les cortèges s'acheminaient vers les octrois, éclairés par les lanternes. Il y avait même dans cet exode des mouvements de gaîté, comme lorsqu'on va faire une partie de pêche.

La joie venait surtout de ce qu'aujourd'hui dans les fourrés de la forêt de Haye on ne risquerait pas d'être bombardé.

Les bébés, bien emmitouflés et mal réveillés, ne pleuraient pas. Ils avaient sans doute l'impression que l'heure était grave, ou peut-être que s'ils gémissaient, ils recevraient quelque taloche de leurs parents un peu énervés.

Il tombait des gouttelettes de pluie gelée. La brume n'était pas très épaisse, mais pénétrait à travers les doubles vêtements.

On se saluait doucement entre gens du quartier.

— Tiens, v'là le Joseph! Comment ça va?

Et de temps en temps claquait, en façon d'ironie, la fameuse interrogation lorraine : « Okteva? » qui s'écrit communément : « Où que tu vas? »

Un rire discret accompagnait la réponse.

— A la promenade.

Par une sorte de pudeur, on ne s'était pas concerté la veille. Chacun tirait de son côté. Mais il y avait tant et tant de monde qu'on ne pouvait pas éviter de rencontrer des amis.

Tout le restant de la nuit jusqu'au jour levant, dans une aube livide, l'exode se poursuivait, les derniers partis se pressant plus que les levés de bonne heure.

Ainsi la ville fut déserte au moment où les magasins ont coutume d'ouvrir leurs volets de bois.

Toute la journée fut d'une indicible tristesse. Les cœurs étaient serrés. Plus d'un vaillant, qui était resté, regrettait de n'avoir pas suivi les camarades. La blague tombait à plat.

De voir les rues désertes, les maisons fermées, de se trouver trois ou quatre dans les cafés, on était possédé de l'angoisse de quelque formidable bouleversement. Une ombre de mort s'épandait sur la cité. Le temps maussade donnait davantage encore un air lugubre à toutes choses.

On ne savait vraiment que faire. Travailler? On

n'en avait point le goût. Se promener? C'était un exercice inutile et fatigant puisqu'on ne trouverait personne nulle part.

On se contentait donc d'attendre les obus, sans pouvoir confier à un interlocuteur les chances qu'on avait de n'en pas recevoir, ni les risques que l'on courait d'être bombardé.

La matinée se traînait avec lenteur dans le désert, et la réunion de famille pour le déjeuner était sans douceur.

Je songeais que le 27 janvier 1914 j'étais à Metz, debout devant l'Esplanade, regardant défiler interminablement, depuis 9 heures du matin jusqu'à 2 heures du soir, sous la neige et sous la pluie, devant des généraux à cheval, les innombrables soldats de cet empereur dont on fêtait l'anniversaire, et que j'avais eu alors l'impression très nette d'une organisation prodigieuse dont le déchaînement nous apporterait mille malheurs.

Ce souvenir, qui me serrait le cœur affreusement, précisait pour moi le vrai commencement de la guerre. Il se rattachait à tous les événements qui s'étaient précipités sur nous avec une furie que nul n'avait consenti à prévoir.

De mon balcon je regardais la ville déserte, la ville morte, et je revoyais la terrible revue de Metz, l'enthousiasme du mois d'août 1914, la prise de Mulhouse, la retraite de Morhange, les flammes dévorant pendant la nuit, autour de Nancy, les jolis villages de Lorraine, les combats atroces, Gerbéviller, Léomont, Vitrimont, la Faisanderie, les blessés, les morts, les morts...

Vers 5 heures, sous la petite pluie fine, les Nancéiens revenaient, traînant un peu la jambe, heureux malgré tout d'avoir passé dans l'herbe mouillée une journée de repos sans inquiétude.

Ceux qui n'avaient point quitté la ville gouaillaient :

— D'où que te viens ?

Et les hommes, laissant les femmes et les enfants, entraient dans les bars en répondant avec un sourire :

— Du bois, donc !

PRISONNIERS ALLEMANDS

L'idée qui domine l'esprit de la population est que, si on disséminait par la ville quelques prisonniers allemands pendant les heures de bombardement, les ennemis y regarderaient à deux fois avant de nous envoyer de gros obus.

Je crains que ce ne soit une de nos plus naïves illusions. Mais les illusions fleurissent comme des champignons sur une terre humide et surchauffée.

Un lecteur, qui s'intitule « plus humanitaire qu'humanitariste », m'écrit :

« Les bombardements successifs de notre cité me décident à vous soumettre une idée, que je ne vous présente pas comme personnelle, car je la sais partagée par un grand nombre de mes compatriotes.

« Il suffit de deux points pour déterminer une ligne droite, et partant, de deux points de chute d'obus pour avoir la direction de la ligne de tir. Pourquoi, à titre de garantie, ne pas avoir à sa discrétion, sous bonne escorte, un piquet de prisonniers boches, en nombre respectable, que l'on disposerait, à chaque bombardement et dès le premier obus, dans la trajectoire ?

« On préviendrait une bonne fois et par pure délicatesse ces messieurs en haut lieu, et on agirait.

« Je ne sais si je me trompe, mais je crois que nos aimables voisins hésiteraient alors à nous adresser leurs cartes de visite. »

Mon lecteur ne songe pas aux dangers que courrait aussi la « bonne escorte ».

Autre lettre :

« Si nous avions des prisonniers boches en différents points de la ville, nous pourrions dormir tranquilles. Leurs camarades sachant qu'ils sont sous la pluie de fer garderaient leur camelote.

« Rappelez-vous que lorsque nos aviateurs sont allés à Dillingen, les Allemands ont fait sortir les prisonniers français.

« Eh bien ! dent pour dent. Faisons-en autant, et nous dormirons sur nos deux oreilles. »

Troisième variation sur le même air :

« Il est pénible pour la courageuse population de Nancy de recevoir passivement des petites marmites de 380. Il n'y a pas, dit-on, de mal sans remède. Permettez-moi de soumettre à l'appréciation de qui de droit une solution qui fera peut-être réfléchir les assassins à casques pointus.

« Nos soldats ont fait une bonne moisson de prisonniers boches qui se dorlotent au chaud dans nos camps. Ne pourrait-on amener ici dix ou même quinze mille de ces Kamarades, que l'on exposerait aux endroits les plus menacés par les bombarde-ments ?

« De cette façon messieurs les Boches pourront à leur aise réduire les leurs en petits morceaux. Et s'il existe encore chez eux un souffle de sens moral, peut-être cesseront-ils de massacrer une paisible et inoffensive population. »

Oui, mais existe-t-il encore chez les Allemands un souffle de sens moral ?

Quatrième proposition, la même en plus bref :

« Ne pourriez-vous pas, pour venger les victimes innocentes des atrocités allemandes, suggérer au commandant d'armes de demander au ministère de la Guerre cinq cents prisonniers allemands pour les exposer aux premiers et nouveaux obus ? »

D'autres encore :

« Pour éviter à notre ville un bombardement qui peut se produire un jour ou l'autre, le plus simple et efficace serait d'interner en différents endroits de la ville des prisonniers de marque, et d'en aviser le Gouvernement allemand. Il y a des princes allemands qui se prélassent à Lyon. Ils sont tout indiqués pour protéger Nancy. »

« On ne conçoit pas que les gens de Nancy se laissent bombarder quand il leur serait si facile de se garer.

« Ils n'ont qu'à offrir l'hospitalité à quelques prisonniers de guerre marquants, à ceux qu'on appelle les cacatoès, par exemple, et à les mettre aux meilleurs endroits.

« Les Boches n'auraient pas la barbarie, je suppose, de sacrifier ces beaux oiseaux dont nous prenons tant de soin. »

Il faut croire que l'idée était impraticable, qu'elle manquait de cette générosité chevaleresque qui est une de nos coquetteries, ou que l'on craignait d'épouvantables représailles.

Jamais un prisonnier allemand ne fut placé dans la ligne de tir.

Les Nancéiens y restèrent seuls.

LES FLÉCHETTES

Au mois de janvier 1916 on ramassait dans les rues de Nancy de petites fléchettes d'acier en assez grande quantité. Des avions allemands introduisaient cette nouvelle méthode de tuer.

Les fléchettes étaient fort élégantes. Et bientôt il ne fut plus permis à un Nancéien de ne pas avoir sur son bureau un de ces engins pointus. Les imaginations s'excitèrent autour de cette forme de combat contre les civils.

Et je reçus de M. Henri Daniel, sur le danger de cet instrument qui fut bientôt relégué par les aviateurs au magasin des inutiles accessoires, une note fort complète, qui a aujourd'hui une sorte de valeur quasi historique.

« Quelques Nancéiens ont pu ramasser dans les rues des fléchettes provenant des visites que leur font les « Tauben » et ont pu être surpris qu'une arme d'aspect si inoffensif soit considérée comme extrêmement dangereuse pour celui qui la reçoit; on peut se demander, en effet, comment cette élégante tige d'acier d'un poids si minime (la nôtre pesant à peine 15 grammes) peut donner la mort à la personne que le hasard place précisément sur son point de chute.

« Pas plus qu'une balle de notre lebel, dont le poids est d'ailleurs sensiblement égal, la fléchette n'est dangereuse par elle-même mais, tout comme ceux d'une balle, ses effets mortels sont en rapport avec sa vitesse.

« Où la similitude cesse, c'est lors du départ de ces deux projectiles. L'on sait que la vitesse initiale d'une balle Lebel est très grande (670 mètres à la seconde environ) et qu'elle va en diminuant, au fur et à mesure qu'elle accomplit sa trajectoire, pour finir à zéro. Une fléchette ou tout autre corps tombant d'une certaine hauteur, avec une vitesse nulle, acquiert une vitesse de plus en plus grande, proportionnelle à la hauteur de chute.

« Or, comment varie cette vitesse? Faut-il que l'aviateur établisse des records d'altitude pour lâcher ses fléchettes et obtenir des effets foudroyants? C'est ce que nous allons étudier.

« Un corps abandonné librement à lui-même est attiré vers le centre de la terre avec une accélération constante en rapport avec la masse de notre planète. Pour notre globe, cette accélération est égale à 9,81. Ainsi, un corps ayant une vitesse nulle au moment où il ne se trouve plus retenu dans les airs, acquiert une vitesse égale à 9^m81 au bout de la première seconde, qui deviendra de 19^m62 au bout de la deuxième, pour être de 29^m43 à la fin de la troisième, et ainsi de suite. On devine quelle vitesse considérable prend un projectile au bout d'un temps relativement court, et l'on peut imaginer quelle en doit être la valeur en arrivant à terre, si notre projectile tombe, par exemple, de 2.000 à 2.500 mètres d'altitude, hauteur correspondant au vol habituel d'un avion.

« Or la mécanique enseigne les changements obtenus par un corps animé d'un mouvement, et la force que peut posséder ce corps est représentée par la formule $1/2\ mv^2$: ce qui signifie que, connaissant la masse et la vitesse d'un corps, on peut en déterminer la force, exprimée en kilos, que prend ce corps arrivant au but, en multipliant la moitié de sa masse par la vitesse qui est elle-même multipliée par sa valeur, c'est-à-dire élevée au carré. Nous avons alors $\dfrac{m \times v \times v}{2}$.

« Une fléchette tombant d'un aéro arrive donc à terre avec une vitesse très grande, et sa force de pénétration suffit amplement à transpercer le crâne d'un être humain, ou à l'enfoncer profondément dans la chair d'un cheval ou de tout autre animal utilisé en temps de guerre. D'ailleurs, par sa construction même, la résistance que rencontre une fléchette en arrivant au but est réduite au minimum à cause de sa pointe très effilée.

« Cette arme pourrait donc avoir des effets terribles sur des troupes massées comme aux temps héroïques des déploiements des armées en rase campagne, mais ne donne pas les résultats que l'on en pouvait attendre dans cette guerre de terriers.

« Ajoutons que si, comme veulent bien nous le dire les Allemands, cette arme est d'invention française, elle est en somme de bonne guerre et n'a rien de la barbarie d'une balle explosive ; en tout cas, elle ne serait pas employée par nos aviateurs pour tuer les habitants inoffensifs d'une ville ouverte comme Nancy. »

Il est urgent d'ajouter qu'aucune des innombrables fléchettes lancées sur la ville ne rencontra de crâne humain ni de chair chevaline.

Toutes tombèrent sur les toits des maisons ou sur le pavé des rues, d'où elles allèrent directement compléter les collections de vieille ferraille.

ET DUNKERQUE ?

La question nous préoccupait de savoir si la ligne de tir des gros canons allemands sur Dunkerque était restée invariable, et par conséquent si à Nancy les obus tomberaient toujours aussi sensiblement au même endroit.

Les avis étaient partagés, et on attendait les nouvelles.

Enfin on en eut.

Une lettre reçue le 20 février disait :

« Nous avons reçu, le 28 avril, 3 obus ; le lendemain, 8 obus ; le 30 avril, 12 obus ; le 10 mai, 12 obus ; le 11 mai, à trois reprises de une heure chacune, on ne sait plus quel chiffre ; enfin, le 22 juin, de 3 heures du matin à 5ʰ 30 du soir, 47 obus.

« Ainsi qu'il est d'usage dans les feux d'artifice, nous avons eu ce jour-là le bouquet. Depuis, plus rien.

« Nos aviateurs font bonne garde. Dès qu'un travail suspect est annoncé à nos artilleurs dans les lignes ennemies, il est procédé à un bombardement énergique de la plate-forme en préparation.

« Voilà notre sécurité, et nous souhaitons qu'on vous la donne à Nancy comme nous pouvons l'avoir ici. Des surprises sont toujours possibles, et nous nous y attendons d'ailleurs au printemps. »

Cela ne nous fournissait pas le renseignement que nous désirions, qui était l'invariabilité de la ligne de tir.

La seconde lettre était plus explicite, et en outre s'accompagnait d'un plan. La ligne de tir, hélas ! n'était pas fixe, et la documentation même changeait.

Quand la première missive annonçait six bombardements, celle-ci n'en accusait que cinq. Encore n'étaient-ils pas semblables.

On se rendait compte ainsi de la difficulté qu'il y a d'écrire l'histoire, même quand on l'a vécue, et de décrire les bombardements, même quand on les a subis.

L'un parlait des 28-29-30 avril, 10-11 mai et 22 juin. L'autre écrivait : 27, 28 avril, 11 mai, 22 juin, 5 août.

« Le 27 avril, disait la dernière, 3 obus ; le 28, 8 ; le 11 mai, 12 ; le 22 juin, 36 ; le 5 août, un seul. »

Il n'y avait pas moyen d'accorder les chiffres.

Toutefois la lettre la plus récente nous donnait les points de chute. Et, en suivant sur la carte, nous constations que ces points, s'ils étaient rapprochés en certains endroits, étaient fort éloignés en d'autres.

L'information était complétée par la note que voici :

« On suppose qu'il y avait une seule pièce. En tout cas le bombardement venait bien du même endroit.

« La distance entre l'obus le plus lointain et l'obus le plus proche est de 3^{km}5oo.

« La largeur du tir est de 2 kilomètres. »

Deux kilomètres ! Et nous avions calculé que la largeur maxima du tir sur Nancy était de 225 mètres. Cela nous présageait d'heureux jours.

Les Nancéiens à qui on confia ces observations hochèrent la tête. Ce n'était pas joyeux, en effet.

Ceux qui étaient déjà sur la ligne constataient qu'ils ne seraient pas davantage en sûreté s'ils changeaient de maison. Ceux qui étaient hors la ligne remarquaient qu'ils ne tarderaient pas à se trouver dans la zone dangereuse.

Le canon n'avait pas besoin de changer sa direction. Il pouvait arroser, contrairement à ce qui nous avait été certifié, au moins sur une largeur de 2 kilomètres.

C'était écrit. Et il y avait un plan.

Les Dunkerquois au surplus se berçaient d'illusions pareilles aux nôtres.

« Ce jour-là, — le 5 août, — on assure que la pièce a été démolie.

« La pièce a toujours tiré par temps très clair. Jamais par temps humide, jamais la nuit. »

Il est ainsi de ces certitudes auxquelles on a besoin d'accrocher sa pensée. On éloigne comme importun tout argument qui paraît diminuer la valeur de l'espoir, et l'on s'obstine avec volupté dans les erreurs aimables qui remplacent pour quelques jours la dure et simple vérité des faits.

Ne pouvant plus affirmer que la ligne de tir fût invariable, chacun de nous décida de croire que la pièce ne pouvait tirer que par temps très clair.

Et jamais la nuit.

24 février 1916.

TROIS SÉRIES

L'éveil avait été dur.

Il était entendu, comme d'habitude, que la pièce était démolie ou du moins gravement endommagée puisque depuis plus d'un mois elle n'avait pas tiré. Et l'on dormait dans la tranquillité.

Or, ce 26 février 1916, à 6ʰ20, une première explosion ébranlait la ville. Il n'y eut pas d'hésitation. C'était le bombardement qui recommençait.

En hâte on s'habillait et on courait à la cave. Puis, comme chacun connaissait exactement la ligne de tir et s'en était soigneusement écarté, il paraissait que les risques de mort fussent réduits au minimum.

Cependant les coups n'avaient pas la même sonorité qu'auparavant. Entre eux même ils changeaient de ton. Et cela ne laissait pas d'être quelque peu inquiétant.

Un peu après 7 heures, huit obus étaient tombés. Quelques minutes d'attente, et on était convaincu que c'était fini. On sortit pour voir.

Les nouvelles n'étaient pas rassurantes. On avait

beau torturer le plan de la ville et rapprocher obstinément les points de chute, on n'obtenait pas de concordance avec les tirs précédents. La zone dangereuse s'élargissait et s'allongeait. Il ne pouvait plus être question de 225 mètres. La différence était trop grande.

C'était le plan de Dunkerque qui avait raison contre nos minutieuses observations.

Les nerfs les plus robustes en subissaient un fâcheux contre-coup. Eh quoi ! on ne sera donc nulle part en sûreté !

Enfin, pour aujourd'hui le bombardement était terminé sans trop de mal. On verrait pour le lendemain. Et l'on alla au travail comme de coutume.

A 10ʰ 15 le bombardement reprenait.

— Ah ! non ! s'exclamait-on, ça devient insupportable !

Vite à la cave.

Les coups étaient plus espacés. Si espacés que dans les intervalles les impatients remontaient et mettaient le nez dans la rue, se retirant vivement dès que le moindre bruit troublait le silence prodigieux où subitement haletait la cité.

On eût dit que les Allemands savouraient le plaisir du meurtre lointain, qu'ils exaspéraient par sadisme l'état nerveux de ceux sur lesquels ils lançaient leur mitraille à longue portée.

On ne savait plus ce qu'il fallait faire. Et comme, par l'examen des entonnoirs du matin, on s'était rendu compte de l'élargissement subit de la zone dangereuse, on tendait le dos, attendant à chaque minute l'effondrement de la maison sous laquelle on tâchait de s'abriter.

Lentement, lentement les obus tombaient. A midi, six seulement avaient été entendus. Ce n'est pas une joie que de compter les minutes de deux heures pour deviner celle qui sera votre dernière.

Mais l'homme est ainsi fait qu'une demi-heure après le danger était oublié. Et tous les Nancéiens se mirent à table avec joie.

— Eh bien! disait-on, voilà une bonne journée. Deux bombardements dans un matin, c'est joli. Les Boches n'avaient jamais fait aussi bien. Ils ne feront pas mieux.

On se réjouissait de goûter une après-midi paisible. Déjà les cafés s'emplissaient de gens qui cherchaient ou apportaient des informations animées et généralement contradictoires. On discutait ferme. On était certain que les Allemands avaient eu besoin de refroidir la pièce, laquelle était sans doute maintenant trop fatiguée pour lancer quatorze obus sans se reposer.

On attribuait aussi la dispersion de tir à la lassitude du canon qui, de toute évidence, était détraqué.

Mais il se trouvait toujours quelque sceptique grognon pour protester.

— J'aimerais mieux que la pièce ne fût pas détraquée. Comme ça je connaîtrais les endroits qu'il convient d'éviter, et les maisons où l'on est protégé. Avec ce détraquement on ne sait plus rien.

— Oui, mais, répliquaient les raisonneurs en levant le doigt, oui, mais cela prouve que la grosse Bertha est fort malade et qu'elle ne nous lancera pas longtemps ni souvent des poubelles d'explosifs.

A 2 heures, le premier obus de la troisième série tomba avec un fracas qui parut plus épouvantable, coupant net les conversations.

— Ah non ! Assez !

Cette injonction unanime n'arrêta rien. Avec une impatientante régularité les détonations succédaient aux explosions en cascades. On entendait aussi l'écroulement des maisons, ou du moins on était persuadé qu'on l'entendait. De nombreuses personnes qui avaient victorieusement résisté au bruit des obus de la matinée commençaient à perdre le sourire et la direction de leur volonté. Il y avait, pendant le temps interminable qui séparait les chutes, des silences lourds qu'aucune plaisanterie ne soulevait.

La mort passait, et on sentait vraiment sur la nuque son souffle froid.

Nulle part ne jaillissait une de ces ironies par lesquelles le courage se redresse.

Deux heures, deux heures encore se traînèrent sur Nancy, ponctuées par les chocs atroces que les femmes saluaient d'abord d'un cri d'effroi, puis d'un long soupir.

Six obus s'étaient éparpillés un peu partout, sans respect pour la ligne de tir qui avait été, durant le mois de janvier, notre certitude consolatrice.

A $4^h 30$ la vie reprenait son mouvement. Mais les figures étaient tirées, les bouches muettes.

Qu'aurait-on pu dire? Tous les raisonnements étaient par avance démentis. Partout on se trouvait sous les obus.

On annonçait trois morts et seize blessés.

Une phrase revenait dans les félicitations attristées qu'échangeaient les amis rencontrés :

— Pourvu qu'ils ne recommencent pas cette nuit !

Personne n'osait plus dire que ce fût impossible.

27 février 1916.

BOMBARDEMENT DE NUIT

— Eh bien ! et ces bombardements ?

Depuis le commencement de la guerre je n'avais pas vu mon ami Éloi Py, et j'étais délicieusement surpris de le rencontrer à Paris, sur les grands boulevards.

Py me raconta qu'il allait parfois en Espagne pour ses affaires, et que ce jour-là, étendant son rayon d'action, il arrivait de Brest.

Il était furieux d'être si prodigieusement ignorant et enviait mon bonheur, à moi, qui étais « presque au front ».

— Mais ça ne tient qu'à toi de voir quelque chose. Viens à Nancy. Tu assisteras peut-être à quelque spectacle sensationnel.

— Ma foi, si tu veux bien commander un bombardement, je suis ton homme, fit-il en riant.

— Entendu. Je tâcherai de te satisfaire. Quand viens-tu ?

— Ce soir même je peux. J'attends à Paris l'arrivée d'un cousin qui tardera sans doute. Je passerai quelques jours à Nancy, et je reviendrai.

— Parfait. Va prendre un laissez-passer.

— Un laissez-passer ! J'en ai tout un matelas. J'ai le droit de voyager par toute la France et même à l'étranger.

— Possible que tu aies ce droit-là. Mais tu n'as pas celui d'entrer à Nancy. Fais une visite au commissaire de police, et tu seras renseigné.

Le soir même Py arrivait à la gare de l'Est, l'oreille basse. Ses innombrables laissez-passer n'avaient point de valeur pour Nancy.

Comme mon ami adore la difficulté, il se promettait bien d'obtenir les papiers indispensables, et me jurait que sous peu il assisterait en Lorraine à un combat d'avions.

— Je t'attendrai.

Le 1er juillet 1916, à 3 heures, le timbre électrique annonçait une visite : c'était Py.

— Quelle misère, mon pauvre vieux ! Nancy est un pays impossible. J'ai eu à Paris tous les maux du monde pour obtenir un laissez-passer. Puis, quand je me suis présenté ici à la sortie de la gare, j'ai failli être arrêté pour avoir, par erreur, montré mon passeport espagnol au lieu du papier lorrain. Crois-tu que c'en est, de la malechance !

— Oui, plus que tu ne crois.

— Ce n'est pas tout ça. As-tu commandé le bombardement ?

— Oui. C'est toi qui arrives en retard.

— Comment ?

— Nous avons reçu ce matin, entre 7 heures et 7^h 30, neuf obus de 380.

— Beaucoup de dégâts ?

— Euh ! c'est toujours la même entreprise de démolition. Nous irons voir.

— Des victimes ?

— Trois tués, m'assure-t-on.

— Vraiment ?

— Oui. Le malheur pour toi, c'est qu'il est improbable que les Boches recommencent tout de suite. Généralement ils espacent les tirs.

— Ah !... Et le moral ?

— Le moral ? Parfait. En ce moment toute la population qui n'est pas au travail se promène autour des maisons touchées et fait des raisonnements. Tu seras peut-être surpris de constater qu'on ne donne aux victimes qu'un souvenir assez peu douloureux. Mais il faut comprendre que lorsqu'on a constamment la mort au-dessus de soi et qu'on y a échappé, on songe surtout à la chance qu'on a eue soi-même. Tu te feras à cet état d'esprit.

— Très humain, en effet.

Nous nous acheminons vers les rues où sont tombés les obus. Py considère avec quelque effarement les entonnoirs que les travailleurs municipaux se hâtent de combler, et apprécie le pittoresque des ruines.

— Ah ! les sales Boches ! murmure-t-il, les sales Boches !

Le soir, après dîner, j'amène mon ami au café. Dans la nuit claire et jolie nous sommes assis sur les chaises d'une terrasse de la place Stanislas. Au loin le canon grogne un peu, pour nous rappeler que l'ennemi n'est pas apaisé.

A 10 heures on nous prie de partir : on ferme.

— Allons, plus rien à faire dehors. Rentrons.

Nous sommes à peine devant l'Hôtel de Ville qu'une formidable explosion, une explosion multiple, éclate.

— Voilà, mon vieux ; tu es servi. Ça recommence.

On s'achemine vers le Grand Hôtel pour y trouver abri. Le gérant est en train de secouer le groom.

— Espèce d'étourdi ! Tu ne peux pas fermer la porte plus doucement !... Toute la maison est en révolution.

Je fais remarquer au gérant que le bruit qu'il a entendu n'est point celui d'une porte fermée brutalement, mais d'une bombe ou d'un obus.

— Ah ! bien, dit-il. Ah ! bien. Je croyais...

Et il s'en va tranquillement, les mains derrière le dos, un peu confus.

Nous restons quelques minutes encore sur le seuil de la porte.

— Je veux voir, dit Py.

— Voir quoi ? Ça ne paraît pas être tombé sur la ville. Allons plutôt rassurer la famille.

Delhaize, qui rentre à l'hôtel, nous renseigne.

— Je suppose que ce sont des bombes d'avion. J'ai entendu le moteur.

— Ah! fait Py, j'avais entendu aussi. Je croyais que c'étaient des aéros de chez nous.

Poignée de main, et on se quitte en se souhaitant une bonne nuit.

On passe auparavant à l'hôtel d'Angleterre. Les voyageurs commencent à sortir des caves où ils s'étaient réfugiés.

— Qu'est-ce que c'est? Qu'est-ce que c'est?

— Rien. Ce n'est rien. Des bombes d'avions. Du côté de Tomblaine.

— Ah! bon! bon!

A la maison on nous accueille avec des sourires.

— Vous avez entendu, Éloi?

— Oui. Mais je n'ai rien vu.

Un petit bout de causette, et au lit.

On dormait depuis peu de temps lorsqu'un épouvantable éclatement nous éveille.

— A la cave!

Je cours à la chambre de Py. Je tourne le commutateur. Plus de lumière. L'électricité est coupée.

— Lève-toi, c'est un bombardement.

— Oui, oui, je comprends. Allume.

— Plus de lumière. Tu n'as pas d'allumettes?

— Si, dans mon veston.

— Où est-il, ton veston?

— Je n'en sais rien. Par là. Je ne me reconnais pas, dans ce noir.

Et de fait, Py se cognait à tous les meubles, dans cette chambre où il couchait pour la première-fois.

— Ramasse tout ce que tu pourras comme vêtements, et descends vite. Tu as sept ou huit minutes. C'est le temps que mettent les Boches pour recharger la pièce.

A tâtons Éloi Py rencontre son pantalon, l'enfile comme il peut, prend sous son bras un paquet. Nous dégringolons vivement l'escalier et entrons à la chaufferie où déjà est installée toute la famille.

— Ça va?

— Ça va.

On rit de la façon dont notre ami s'est habillé. Ses bretelles dansent sur ses mollets. Un peu de toilette, et il devient présentable.

— Ce n'est pas tombé loin? demande ma femme.

— Probable.

— Où?

— Nous saurons bientôt.

— Qu'est-ce qu'on fait? réclame Py. On va voir?

— Tout à l'heure. Laisse arriver le second coup.

L'explosion avait eu lieu à minuit sonnant.

Voici un pas traînant au-dessus de nous. Je reconnais l'allure du père Antoine, l' « homme de bois » de l'imprimerie.

— Eh bien ! Antoine, quelles nouvelles ?

— L'hôtel Saint-Georges est coupé en deux. En deux. Nettement.

— Il y a du monde sous les décombres ?

— On m'a parlé d'une dizaine de personnes.

Et il ajoute froidement :

— Je n'ai pas eu le temps de regarder. Je viens au travail. D'autant plus que je ne puis pas rester dans ma chambre. Toutes les vitres sont parties, et ma porte a été soulevée de ses gonds et s'est ouverte en grand.

— Nous y allons ? dit Py.

— Allons-y.

L'hôtel est en effet coupé en deux. Des pompiers, des soldats, des civils travaillent avec une fureur que discipline une certaine méthode à dégager les pauvres gens restés sous l'éboulement.

M. Mirman, préfet, M. Simon, maire, sont là, assistés par tous ceux, des pouvoirs publics, qui ont pu franchir le service d'ordre.

Un jeune soldat, à l'accent montmartrois, ne cesse de plaisanter pendant qu'il manie ardemment la pelle et la pioche. Il parle à un officier, qui, enseveli sous les meubles et les plâtras, lui répond d'une voix étouffée.

— T'en fais pas, mon lieutenant, crie-t-il en gouaillant. On t'aura !

Des corps ont déjà été retirés.

A la fenêtre d'une chambre démolie, un drap de

lit flotte. Un voyageur est descendu par là puisque l'escalier s'est effondré.

Comme nous sommes inutiles au sauvetage, et encombrants, nous retournons au journal.

Py ne dit plus rien. Il a entendu et il a vu. Il n'aura pas fait son voyage pour rien.

Les gros canons tirent sur la pièce, ou vers l'endroit où la pièce est signalée. Le grondement peu à peu s'apaise, et nous voilà à nouveau endormis.

— Boum !

— Encore !...

Il est 3 heures. On se rencontre dans le corridor, on descend en hâte et on se retrouve dans la chaufferie.

Tout le monde est correctement habillé parce que chacun avait pris la précaution de poser les habits à portée de la main.

— Ils exagèrent, fait Py en allumant un cigare. Le programme ne portait pas qu'on m'empêcherait de dormir.

Nous sortons pour savoir, maintenant que les miens sont en sûreté.

Sur l'indication des passants nous arrivons à la Pépinière où un trou énorme se creuse au milieu d'une pelouse.

Les arbres ont été arrachés. L'herbe est jonchée de branches et de feuilles. Dans la lividité de l'aurore qui va poindre, c'est un spectacle qui donne froid. Aux bords de l'immense entonnoir les curieux hochent la tête pensivement.

Nous passons à l'hôtel Saint-Georges. On continue à travailler au déblaiement.

— Eh bien! dis-je à Py, tu as entendu? Tu as vu?

— Oui.

— Tu sais ce qu'est un bombardement?

— Oui.

— Tu es content?

Py ne répond pas. Il serre les poings.

Il pense à ceux qui sont encore sous les décombres, et qui meurent peut-être à cette minute.

2 juillet 1916.

QUATRE ET TROIS

Les Allemands respectent sans doute les vacances. Ils considèrent que les mois d'août et de septembre sont sacrés, et n'envoient que d'assez rares obus, qui ne font aucun mal.

La grosse Bertha doit avoir l'âme à la plaisanterie.

Le 1ᵉʳ août, vers 3 heures de l'après-midi, en quinze minutes elle envoie quatre obus *vers* Nancy. Peu de dégâts, pas de victimes.

Le Nancéien sourit.

Le 13 août, à la même heure, la pièce lance encore quatre obus. C'est un tarif.

Le Nancéien accentue son sourire.

Le 12 septembre à midi, quatre autres obus — décidément cela tourne à la tradition — tombent sur la ville, ou viennent, comme disent les communiqués, dans la direction de Nancy.

Pourquoi le Nancéien ne comprendrait-il pas la joyeuse farce ?

Octobre. Comme il ne se passe rien, il est de nouveau acquis que le canon allemand, qui n'en pouvait plus, est mort d'épuisement.

Le 10 novembre, la grosse Bertha essoufflée, —
mais non point expirante, — ne lance plus que trois
projectiles, vers 3 heures.

Le Nancéien continue à sourire, songeant que
cela est bien la fin.

Trois séances de quatre obus, et maintenant
trois obus seulement, cela prouve jusqu'à l'évidence que bientôt la fameuse pièce à longue portée
ne pourra pas faire plus de ravages qu'un tuyau
de poêle.

Le Nancéien est heureux.

... Pas pour longtemps, car à 7 heures, ce même
10 novembre, des avions jetaient une vingtaine de
bombes sur la ville.

10 novembre 1916.

SEPT D'UN COUP

Le 24 novembre, chez Braunshausen, on finissait de déjeuner. Il était 2 heures. On avait allumé les cigarettes et on dégustait un petit verre de vieille mirabelle. Car si l'alcool est interdit dans les cafés, il est encore autorisé dans les familles où l'on a conservé quelques poussiéreuses bouteilles.

Une terrible explosion coupe les raisonnements que nous faisions sur la guerre. On se précipite au balcon, qui donne sur le boulevard Godefroy-de-Bouillon.

Des gens courent dans tous les sens, donnant à ceux qui les interrogent les informations les plus diverses.

— Bah ! dit Braunshausen, c'est une expérience sur le plateau. On n'entend pas la sirène.

Et nous reprenons la causerie interrompue.

Dix minutes après, la fenêtre s'ouvre sous la poussée d'un nouvel éclatement plus violent que le premier.

— Oh ! oh ! ceci est, à n'en pas douter, un bombardement. Pourquoi diable la sirène ne joue-t-elle pas ? Je n'ai pas de cave. Mais nos voisins en ont une qui ne manque pas de confort. Allons-y.

Nous courons aussitôt nous abriter. Dans le couloir de nombreuses dames se hâtent vers le refuge.

On me présente.

— Ah ! dit Mme Simon, j'étais votre voisine à la conférence dernière de l'Hôtel de Ville. M. Émile Vandervelde est un orateur remarquable.

Et nous voilà, oublieux des obus, appréciant la valeur oratoire des hommes qui ont consenti, pendant la guerre, à nous parler des événements passés ou contemporains.

Un troisième obus éclate trois minutes après notre entrée. Puis le silence prolongé.

— C'est fini, nous assure-t-on au bout de quelques minutes.

— Allons voir, dis-je à Braunshausen.

Dans la rue on nous renseigne. La rapidité avec laquelle se transmettent les nouvelles est vraiment prodigieuse.

Le premier obus est tombé dans les faubourgs. C'est ce qui explique que nous ayons situé l'explosion sur le plateau de Malzéville. Le troisième a éclaté assez loin du centre. Ni l'un ni l'autre n'ont causé de dégâts importants.

Mais le second a démoli deux maisons et tué cinq personnes : trois hommes, une femme, un enfant.

Déjà la police a établi un barrage, et les curieux

sont écartés des immeubles dont les murs sont gravement ébranlés.

La démolition est impressionnante. Les maisons sont coupées jusqu'au rez-de-chaussée, éventrées en profondeur. Les moellons encombrent la rue.

Les vitres ont été brisées jusqu'à 150 mètres des ruines, à gauche et à droite. On marche sur des crisséments.

Cinq immeubles situés en face des principales démolitions sont atrocement ravagés. De toutes les ouvertures pendent des rideaux, comme des entrailles, sinistres. Tout le quartier est en émoi. Quelques charrettes à bras emportent des meubles.

C'est un grand désastre.

— Mais pourquoi, répète-t-on, la sirène n'a-t-elle pas marché ?

— Ni le tocsin ?

Questions sans réponse.

L'ombre de la nuit descend, la pluie tombe doucement, très fine. Les curieux ne voient plus rien. Ils se retirent, commentant la nouvelle catastrophe.

— Est-ce qu'on nous laissera dormir tranquilles ?

Des gens continuent à déménager hâtivement, éclairés par des falots.

24 novembre 1916.

SCHAAL

Il était 3 heures du matin. Le second obus de la nuit venait de tomber avec un fracas épouvantable.

Les linotypistes cependant, à l'*Est,* n'avaient pas bronché. Ils continuaient à pianoter sur les machines, comme s'ils n'avaient pas entendu.

L'un d'eux avait dit, simplement :

— Il n'est pas loin, celui-là.

Schaal, un clicheur, arrivait quelques minutes après.

Schaal est un Alsacien grand et fort, flegmatique comme un Anglais et qui a conservé la rude prononciation de son pays.

Il était tout gris des pieds à la tête. Ses souliers, son pantalon, sa veste étaient couverts de plâtras. Sa figure avait la teinte des vieux murs. Ses cheveux étaient plus grisonnants que de coutume.

Il tenait à la main son chapeau melon, dont la couleur disparaissait sous une couche de poussière.

— Bonjour, camarades, fit-il.

— Eh bien ! Schaal, que vous est-il donc arrivé ?

—Oh! dit-il d'une voix tranquille, rien, Monsieur.

— Vous êtes tombé?

— Non.

— Alors?...

— Ah! la poussière? Ce n'est rien. Voici. Je venais à mon travail. Ce n'est pas ma faute si je suis en retard de quelques minutes.

Je passais dans la rue, tout près d'ici, lorsque j'ai entendu le gémissement de la sirène. J'ai compris que la grosse Bertha allait nous envoyer un paquet. J'ai cherché une maison où me réfugier. Tout était fermé.

Je me suis blotti contre une petite porte par là, que j'ai entrevue dans l'obscurité, et j'ai essayé de me faire tout petit. Ce n'est pas facile.

Il y avait à peine trois secondes que j'étais sous cet abri que l'obus est tombé à 5 ou 6 mètres de moi.

Tout dégringolait autour. Les moellons me descendaient sur les pieds, et j'étais dans un tourbillon de poussière. Je ne pouvais pas respirer. Les éclats faisaient flac! flac! contre les façades. Puis les pierres projetées en l'air retombaient en roulant. Tout ça faisait un beau tapage, je vous assure.

Heureusement la porte à laquelle j'étais appuyé a été enfoncée par l'explosion, et j'ai été obligé de l'accompagner en vitesse, au milieu des débris, dans le fond du couloir.

Je me suis relevé comme j'ai pu. A tâtons j'ai regagné la sortie. J'ai enjambé les amas de décombres qui encombraient la rue. J'ai piqué deux ou trois fois du nez par terre et du genou contre les pierres de taille, car on n'y voit goutte. Et comme c'est l'heure du travail, je me suis hâté d'arriver.

Ce n'est pas parce qu'il tombe un obus que le journal doit souffrir du retard.

— Vous n'êtes pas blessé?

— Mais non. Seulement comme je n'ai pas pu ranger tout à fait mon ventre, un éclat a déchiré la ceinture de mon pantalon et mon gilet.

— Fichtre! Vous l'avez échappé belle!

— Oh! on a vu mieux que ça à la Légion. Mais que va dire ma femme, quand je rentrerai, en me voyant tout déchiré?

Et Schaal s'en va, de son pas paisible, vers le vestiaire, où il brosse soigneusement son chapeau. Il enlève ensuite son veston, son gilet, époussette le tout, l'enferme, et, les manches de la chemise retroussées, il se met, en sifflotant, à tisonner la chaudière de la clicherie.

Je m'approche encore de lui, impressionné par ce calme, et lui serre de nouveau la main, plus vigoureusement.

— Vous n'avez pas eu peur?

— Peur! Pourquoi faire? Non.

Et souriant.

— Si, pourtant... J'avais peur d'être en retard.

2 décembre 1916.

LA FACTION

Tout à coup un grondement furieux emplit la maison, qui vibra comme un gong énorme.

Les typos n'avaient pas bronché. Ils continuaient à tapoter prestement sur le clavier des linotypes, et se penchaient de temps en temps sur la copie.

Gy n'enleva pas de sa bouche son éternelle cigarette pour dire ironiquement :

— Fichtre ! On croirait une explosion !

Les clicheurs tournaient autour des moules, et les mécaniciens continuaient à graisser les engrenages.

Je regardais le calme émouvant de ces ouvriers qui paraissaient n'avoir pas entendu le fracas, et je demandai à Picaudé, qui venait prendre la première forme :

— Eh bien ! ça va ?

— Mon Dieu, il faut bien. Le principal c'est que le journal paraisse. Nous en avons encore pour trois heures.

— Bien, fis-je. Mais comme le bruit des linotypes et de la rotative empêche de percevoir l'avertissement de la sirène, je vais me poster devant la porte. Je laisse les fenêtres ouvertes, et je vous appellerai au premier danger. Vous vous réfugierez aussitôt derrière les bobines de papier ou dans la chaufferie. Entendu ?

— C'est bon. Entendu.

Et je sortis. La nuit était noire comme un bidon d'encre. Un brouillard gelé donnait le frisson. Personne ne passait.

Vêtu d'une peau de bique, les mains enfoncées dans les poches, j'allais et venais devant la façade, battant des pieds pour me réchauffer, m'arrêtant parfois pour écouter au loin.

Les bruits de la nuit surgissaient dans un bizarre enveloppement. Ils étaient déformés par la brume et se ressemblaient.

Toute ma pensée était contenue dans ceci :

— Pourvu que j'entende la sirène à temps ! Pourvu que je ne sois pas en retard pour avertir !

Le froid ne me piquait plus. Je ne sentais plus rien. Mes nerfs étaient tendus vers cette seule prévision, le signal de la sirène.

Quelle misère morale eussé-je en effet traînée le long de ma vie si, par ma faute, par mon inattention d'une seconde, les ouvriers que je m'étais chargé de protéger avaient été tués, broyés, émiettés par la chute de l'obus que je n'aurais pas annoncé !

Vraiment je ne risquais point cela. Un coup de

canon dans le lointain, le sourd mugissement d'une
auto, le pas étouffé de quelque employé de gare se
rendant à son travail, tout cela me tenait éveillé.
Je me servais de ces bruits comme de points de
repère, d'objets de comparaison. Je marchais sur
la pointe des pieds, je baissais le collet de mon
vêtement, je penchais la tête vers la rumeur impré-
cise qu'aussitôt je précisais.

Et je souriais aussi en me rappelant une caricature
étrange qui montrait une oreille énorme sur un
corps tout petit. Il me semblait que j'étais devenu
pareil à cette figure, et que j'étais « tout oreille ».

La faction était longue. Le claquement des
machines à composer m'arrivait par secousses. La
mise en marche d'un moteur m'arrêtait subitement.
Mais je séparais chaque note de ce qui m'avait si
souvent paru une harmonie ininterrompue.

La nuit était toujours noire. Et jamais les heures,
dont je maudissais les sonneries dans lesquelles
eût pu se glisser sournoisement la vibration de la
sirène, ne me parurent si lentes, si lentes.

La ville ne bougeait pas, endormie, tapie dans
le noir, comme morte.

Enfin, comme le jour pointait à peine, un typo
s'approcha.

— C'est fini. Bonsoir, patron.

— Bonsoir ! C'est le matin.

Par groupes ils s'en allèrent. Je ne pouvais pas
causer avec eux, car les mécaniciens étaient encore

dans l'atelier. Et j'entendais galoper la rotative, lancée à folle allure.

Les lueurs livides d'une aurore d'hiver et de neige perçaient peu à peu. Avec le jour le danger semblait moins sombre.

Des passants se hâtaient vers le travail. Les femmes des services d'expédition arrivaient.

Et le brave Aletti, ayant terminé sa besogne, se dressait tout près de moi.

— Patron, je viens vous remplacer. Vous devez être fatigué.

— Fatigué, moi ! protestai-je orgueilleusement. Jamais !... Une cigarette ?

Dans la fumée les pensées étaient plus apaisées. Elles perdaient leur netteté aiguë. J'étais débarrassé de la responsabilité de mort.

Et je restai là devant longtemps encore, bercé dans une lassitude heureuse, assistant en spectateur à la délicieuse naissance du jour.

3 décembre 1916.

LES PIGEONS DU TEMPLE

Le silence de la nuit a été interrompu par l'effroyable fracas d'un obus.

Je sors pour savoir s'il n'y a pas de victimes. On bute contre les moellons.

La maison touchée est encore debout. Mais elle n'a plus de toit, et ses deux derniers étages ont disparu. Les éclats ont giclé partout, trouant les murs, arrachant les fenêtres, pulvérisant les carreaux, fauchant les arbres du petit jardin.

Les petites lueurs des lampes électriques dansent à travers l'obscurité comme des feux follets.

Un homme, la tête bandée, me demande où il pourrait se faire soigner. Je l'accompagne à la proche ambulance.

Déjà, quand je reviens, des femmes, des enfants rôdent dans les décombres, cherchant des fragments de ferraille qu'ils veulent garder comme souvenirs.

Le sol est jonché de verdure. Des branches grosses comme des corps d'enfant gisent à terre.

Des froufrous d'ailes mettent dans cette dévastation un mouvement épouvanté.

Les pigeons ont été expulsés du temple où ils vivaient depuis longtemps. Le fronton a été démoli par de gros morceaux de mitraille, et les nids sont tombés.

Les ramiers, étourdis par l'explosion, par la nuit, éblouis par le reflet des lampes électriques, volettent péniblement. Quelques-uns, blessés, se cognent aux branches, aux murailles, retombent, tentent de se sauver et retombent encore avec des roucoulements rauques d'effroi.

Ceux qui peuvent s'élever tournent, tournent dans les arbres, essaient de trouver leur ancienne demeure et, désorientés, s'abattent avec de petits cris désespérés.

On en découvre partout sous le feuillage, dans les coins d'ombre plus épaisse. Ils se blottissent, tentent de courir, de s'échapper, et bronchent encore, piquant du bec et faisant des cabrioles.

Parfois un se lève, plus décidé, d'un grand coup d'aile monte au-dessus des toits et s'enfuit, s'enfuit sans savoir où, vers la campagne, au loin, très loin, puisque les hommes ont détruit son refuge.

Les gamins poursuivent les blessés, et sous les feuillages broyés allongent les bras, puis, s'ils en saisissent un, explosent en cris turbulents. Ils sont en pleine action de chasse et ne se soucient guère de l'obus prochain qui les disperserait comme la poussière sous le vent.

Peu à peu l'aube apparaît. Les oiseaux du temple comprennent que leur maison est démolie. Ils cherchent la place où étaient les petits et ne la trouvent plus.

Pendant des jours et des jours encore, les pigeons ont volé autour du temple. Ils ont rebâti leurs nids dans le fronton en ruines, et maintenant ils continuent à vivre là.

Comme font les hommes dans les maisons détruites.

3 décembre 1916.

RÉPUBLIQUE FRANÇAISE

VILLE DE NANCY

ARRÊTÉ

INTERDISANT L'EMPLOI DE

SIRÈNES

Le Maire de la Ville de Nancy,

Vu la loi du 5 avril 1884 et, notamment, l'article 97 ;

Vu l'arrêté municipal du 28 février 1916 prohibant les sonneries de cloches et l'emploi des sirènes et des sifflets avertisseurs dans les établissements industriels ou les manufactures de Nancy ;

Attendu que les avertissements, en cas de bombardement, sont donnés au moyen de sirènes placées en différents points de la Ville, et que, pour éviter toute confusion, il convient d'interdire, d'une façon générale, le fonctionnement de toutes autres sirènes :

ARRÊTE :

Article premier — L'arrêté municipal du 28 février 1916 est complété de la manière suivante :

Le fonctionnement des sirènes ou l'emploi de tout autre appareil avertisseur, quel qu'il soit, imitant le bruit des sirènes, sont formellement interdits dans la Ville de Nancy.

Art. 2. — Les contraventions au présent arrêté seront constatées par des procès-verbaux et poursuivies conformément aux lois.

Art. 3. — M. le Commissaire central de Police est chargé d'assurer l'exécution du présent arrêté, qui sera publié et affiché.

Nancy, le 22 Décembre 1916,

Le Maire,

G. SIMON.

« *SOMMES EN TRÈS BONNE SANTÉ* »

En arrivant à Paris, le 18 février 1917, je trouvai sur ma table un télégramme qui me donnait de succinctes nouvelles.

« Sommes en très bonne santé », disait le télégramme.

De quoi je conclus ingénieusement que Nancy avait été pour la quinzième fois bombardée par une pièce à longue portée, que le journal avait éprouvé quelque dommage, réduit sans doute au bris d'une dizaine de vitres, et à quelques éraflures sur l'une de ses façades. Au surplus, il était constant pour moi, par la lecture de la dépêche, que les services n'avaient pas été trop gênés et, qu'en tous les cas, ils avaient repris aussitôt normalement.

On trouvera extraordinaire que les seuls mots « Sommes en très bonne santé » aient une signification aussi développée, aussi précise, aussi abondante en détails. Et cependant je lus tout cela avec autant de facilité qu'on lit un livre ouvert. La

APPEL AUX LORRAINS
pour la récolte prochaine !

Les prochaines récoltes seront déficitaires dans le monde entier. Il faut qu'elles le soient en France moins qu'ailleurs.

Que chacun travaille, avec une patriotique ardeur, la bonne terre Lorraine. Que chacun fasse effort pour augmenter — si peu que ce soit — la moisson destinée à nourrir la France à partir de l'été : c'est une question de salut public.

Les POMMES DE TERRE sont rares ; ceux qui ne possèdent pas de telles semences ou qui n'en ont pas déjà demandé à la Préfecture (et celles-ci seront intégralement livrées) auront de la peine désormais à s'en procurer.

Donc, en dehors des petits jardins potagers — que partout où ils existent il faut développer, que partout où ils n'existent pas il faut créer, — et à défaut de pommes de terre, que devra-t-on planter ? Des HARICOTS et de l'ORGE.

Des HARICOTS

C'est l'aliment le plus riche, le seul qui remplace la viande,
Sa culture ne nécessite pas d'engrais,
Elle est facile : femmes et enfants, chacun peut planter, biner, récolter.
Il faut préparer une immense provision de haricots pour l'hiver.

De l'ORGE

L'orge pousse très bien en Lorraine.
Sa farine, mêlée à celle de froment, donne un pain excellent : une importante récolte d'orge suppléera au déficit mondial du blé.

Mais il faut des semences : *NOUS LES AVONS.*

Le *Comité d'action agricole* a conclu, aux meilleurs prix possibles, des marchés qui lui assurent :
1° Toutes les pommes de terre pour lesquelles les cultivateurs se sont fait inscrire à la Préfecture ;
2° Plus de 2.000 quintaux de haricots.
3° 3.000 quintaux plus au besoin de belle orge triée.

Toute *demande de haricots ou d'orge*, appuyée par un certificat du Maire ou du Président d'une société agricole attestant que la demande est faite en vue des semailles, peut être adressée — ou à la Préfecture (service agricole), ou à la Société centrale d'agriculture, ou à l'Union lorraine des Syndicats agricoles.

Quiconque laisserait en friche, par sa faute, un terrain — grand ou petit, à la campagne comme à la ville — susceptible de produire pommes de terre, haricots ou orge, commettrait une mauvaise action.

Le Comité fait appel à tous les concours.
La *Campagne de l'or* a fait sortir des armoires lorraines des morceaux de louis pour la victoire. Que pour la victoire aussi la *Campagne de la terre* fasse sortir du sol lorrain d'abondantes moissons !

A L'OEUVRE ET VIVE LA FRANCE !

LE COMITÉ D'ACTION AGRICOLE.

L. MIRMAN, Préfet de Meurthe-et-Moselle

MM. L. MICHEL, président, GOETZMANN et BAILLY, vice-présidents, de CREVOISIER d'HURBACHE, secrétaire, DRAPPIER, trésorier de la Société centrale d'Agriculture de Meurthe-et-Moselle — L. BOHIN, président, Abbé L. THOUVENIN, secrétaire de l'Union lorraine des Syndicats agricoles — DESSEZ, inspecteur d'Académie — CARILLON, directeur des Services agricoles.

concision de Tacite n'est rien auprès des télégrammes qui ont l'intention de noter les bombardements sans en parler : le tout est de s'entendre.

Cependant, comme je n'étais pas entièrement rassuré et qu'il me manquait de nombreuses précisions, je télégraphiai à mon tour :

« Dois-je rentrer ? »

Et il me fut aussitôt répondu :

« Modifiez pas votre programme. »

Ce qui me mit tout à fait à l'aise et m'indiqua que tout, malgré les obus, était en ordre, puisqu'on n'avait pas besoin de ma présence.

Je réglai donc toutes mes affaires avec autant de tranquillité que si j'avais assisté au bombardement et que si j'en avais constaté par mes yeux les effets.

Le surlendemain, j'étais à Nancy et pouvais me rendre compte de la véracité de mes déductions.

Dès le premier obus, qui était tombé à 9ʰ 40, tout le personnel s'était réfugié dans la cave, et personne n'avait été touché.

Les pierres et les éclats avaient brisé des vitres, percé les flamandes. Sur ma terrasse, on avait ramassé une pièce de fer qui, déjà, était utilisée comme presse-papier.

Près du moule à clicher, un moellon considérable s'était abattu aux pieds du chef mécanicien Picaudé.

C'était tout pour nous.

M. Fisson, qui venait à Nancy dans son auto, avait été arrêté à l'octroi.

— Pas la peine de continuer, lui avait dit le sergent du poste. Tout Nancy est dans les caves, et vous ne feriez que de mauvaises rencontres.

En effet, s'il avait poursuivi sa route et qu'il se fût rendu où l'appelaient ses fonctions, il arrivait exactement à la place et à la minute où tombait le sixième obus. Il ne fût certainement plus rien resté ni de M. Fisson ni de la voiture.

Les journaux d'ailleurs n'avaient point dit un mot de l'affaire.

Un mois après, le lieutenant Henry Fisson, prisonnier en Prusse, écrivait à son père :

« J'ai su par les journaux allemands qu'un des obus du 16 février est tombé près de la Société que tu diriges. Je ne suis cependant pas trop inquiet parce qu'on annonce seulement trois enfants tués. »

La presse allemande donnait donc aux Boches les renseignements que la presse française ne pouvait même pas fournir aux lecteurs de Nancy. Il est vrai qu'il était difficile de dissimuler aux Nancéiens qu'ils avaient été bombardés.

Trois enfants avaient été tués parce qu'ils s'étaient précipités dans un entonnoir pour y recueillir des éclats encore chauds, confiants dans cet axiome que deux obus ne tombent jamais sur le même point. Précisément, un obus était tombé dans l'entonnoir creusé par le précédent.

Le sang-froid d'une maîtresse d'école avait évité une horrible catastrophe.

Dès le premier obus, une cinquantaine d'enfants s'étaient réfugiés dans le sous-sol.

L'institutrice, sachant que la cave n'était guère solide, avisait doucement les élèves qu'il serait imprudent de rester là, et qu'aussitôt après l'explosion prochaine il fallait la suivre en bon ordre, sans se disperser, jusqu'à un abri plus certain. La retraite s'était opérée comme elle avait été conçue, et les enfants, ayant traversé la rue, s'étaient mis en sûreté ailleurs.

Il était temps. L'obus suivant, tombant sur le trottoir, avait enlevé toute la façade de l'école, dont la cave à l'instant abandonnée s'était effondrée avec un épouvantable fracas, laissant à nu quelques poutrelles de fer.

Le réveil de la grosse pièce qui s'était endormie pendant deux mois avait produit en ville une terrible impression d'angoisse. On croyait la grosse Bertha bien fatiguée. Elle prouvait qu'un peu de repos lui donnait de nouvelles forces, car elle pouvait maintenant lancer douze obus en quarante minutes, et on n'était plus accoutumé qu'à en recevoir deux ou trois dans la journée ou dans la nuit, quand elle hurlait sur Nancy.

Février 1917.

ON RECONSTRUIT

La maison n'est pas complètement démolie. Il manque seulement le troisième étage, une partie de la façade et le mur mitoyen. Elle se présente, à côté de sa voisine rasée presque jusqu'au sol, en un étrange équilibre.

Elle a l'air de dire :

— Est-ce que je tombe? Ou bien pencherai-je encore longtemps?

Le propriétaire qui, avec toute sa famille, a eu le temps de se réfugier à la cave, l'examine froidement.

— 'Elle est encore bonne, fit-il. On peut en rassembler les morceaux et la réparer.

De fait, le lendemain les charpentiers dressent un bel échafaudage et, deux jours après, les manœuvres gâchent du mortier en sifflant, et les maçons alignent les pierres au fil à plomb.

D'autres se seraient dit que puisqu'on a sauvé sa peau, et que l'immeuble est en ruines, et que les meubles sont saccagés, et que tout est bouleversé, il ne reste plus qu'à chercher ailleurs une existence convenable.

Pas du tout. Ce Lorrain tient à sa maison, à sa ville, et reconstruit à mesure que le Boche détruit. Il surveille les ouvriers qui se hâtent avec nonchalance comme font les ouvriers du bâtiment, et regarde avec plaisir les progrès de la maçonnerie.

Pendant ce temps, le canon continue à gronder. Et le propriétaire sait bien que sa construction est exposée, dès la dernière pierre scellée, à dégringoler de nouveau. Pour lui l'affaire ne s'offre pas sous cet angle.

Dès l'instant qu'il est arrivé à sa maison un accident, il convient de réparer tout de suite le malheur. Il fait cela comme on commande le couvreur pour remplacer des tuiles cassées, le zingueur pour souder un tuyau qui fuit, le peintre pour rafraîchir d'une nouvelle couche une peinture qui pâlit.

Demain n'existe pas pour lui. Aujourd'hui compte seulement.

Puis, obscurément, il comprend qu'il y a une sorte de crânerie à ne pas accepter le sort. Il met une bravade dans son acte et fait nasarde au Boche.

Une maison démolie, qu'est-ce que ça prouve? On la remet en place. Si elle est de nouveau blessée, on la soignera derechef, et voilà tout.

Le propriétaire regarde monter sa maison dont le mur atteint bientôt et soutient le toit jusque-là penché imprudemment. Il est satisfait parce que la besogne avance et que les passants disent :

— Vous voyez cet immeuble que l'on remonte ? Il a été mis en bas par un 380. C'est chic, hein ! tout de même, de n'avoir pas peur plus que ça !

Pour cette approbation cent fois répétée dans la journée, le propriétaire est résolu à réparer cent fois sa maison si cent fois elle est démolie.

Et maintenant, voilà que tout est terminé. Les maçons ont posé au sommet de l'échafaudage le traditionnel bouquet, puis ont enlevé les « chandelles » et les planches, et s'en sont allés après avoir admiré encore une fois leur œuvre. Ils trouvent qu'une réparation pareille est plus belle qu'une construction toute neuve.

Le propriétaire qui s'est placé, les mains derrière le dos, sur le trottoir de l'autre côté de la rue pour mieux voir si tout est bien en ordre, est certainement du même avis.

Il regarde pourtant le ciel, qui est clair, et murmure :

— C'est bon. Maintenant il ne faudrait pas qu'une bombe vienne défaire ça tout à l'heure.

Et il ajoute, clignant des yeux :

— Nous aurons des Boches cette nuit.

Avril 1917.

« *WERTHER* », *PIÈCE BOCHE*

Or le général qui commandait la censure apprit avec horreur, par la morasse d'un journal soumis à son examen, que des artistes de l'Opéra et de l'Opéra-Comique venaient à Nancy jouer *Werther*.

Il se précipita sur l'appareil téléphonique :

— Monsieur le maire?

— Mon général?

— On va, m'annonce un journal, jouer *Werther* à Nancy?

— Oui, mon général.

— C'est un scandale !

— Un scandale ! Je ne saisis pas bien.

— Vous savez bien que *Werther* est une pièce boche?

— Ma foi, j'avoue que je l'ignorais. Je me souviens qu'un nommé Goethe a écrit un roman là-dessus. J'ai entendu dire que Massenet en a écrit la musique.

— C'est une pièce boche, et je ne saurais accepter la responsabilité de la laisser jouer à Nancy, ville frontière et patriote.

— Ne vous tracassez donc pas, mon général. Je ne suis pas un homme de théâtre, mais j'estime qu'on peut bien représenter à Nancy une pièce que les Parisiens applaudissent dans un théâtre subventionné par le Gouvernement.

— En tous les cas, c'est vous qui prenez la responsabilité de l'affaire ?

— Assurément, mon général. Au surplus, je vais aux renseignements.

M. Simon fit appeler le secrétaire général, M. Pierreville, et lui posa l'insidieuse question :

— *Werther*, est-ce une pièce boche ?

M. Pierreville exposa que Goethe, en effet, avait écrit le roman de *Werther*, mais qu'à l'heure présente les journalistes français utilisaient les arguments de Goethe, Allemand pacifique d'autrefois, pour combattre les méthodes boches d'aujourd'hui. D'autre part, Jules Massenet avait écrit de la musique sur ce sujet, et il passe pour un des maîtres de la musique française. Enfin à Paris, on joue *Werther*, et les meilleurs patriotes parmi les Parisiens ne redoutent pas de l'applaudir.

— Mais il y a là dedans un individu nommé Klopstock, à ce que m'a dit le général.

— Oui, monsieur le maire. Le nom de Klopstock y est même ridiculisé par un couple d'ailleurs grotesque.

— Il n'y a pas danger de manifestation ?

— Non point. Notre population est trop avertie

pour confondre un drame lyrique de Massenet avec une pièce boche.

— Bien.. J'ai tenu à avoir votre opinion. C'était la mienne aussi.

Cependant, le soir, on mandait Georges Boulay, sergent dans un hôpital, critique musical, et avocat de la ville.

— *Werther*, lui demanda-t-on, est-ce une pièce boche ?

— J'espère, dit M. Boulay, que vous ne m'avez pas dérangé pour me poser une question aussi étrange ?

— Pardon, c'est bien pour ça.

— On vous a conduits en péniche. Je ne monte pas dans votre bateau. Si Massenet était vivant et qu'il entendît cela !...

Et Boulay s'en alla, refusant de prendre la chose au sérieux.

M. Pierreville, attendant pour le lendemain l'attaque du général commandant la censure, avait accumulé devant lui, en façon de parapet, le petit *Larousse* et le grand *Larousse*, *Littré* et le *Dictionnaire des Contemporains*, et la partition avec piano de l'œuvre suspecte.

Il s'apprêtait à indiquer, documents en mains, que la mort de Goethe remontait à 1832, que M. Massenet (Jules) avait toujours été bon Français, et que, suivant les termes habituels des laissez-passer, « à la connaissance générale, son attitude, au point de vue national, n'avait jamais donné lieu à remarque ». Il avait encore d'autres informations précieuses et était tranquille sur le résultat heureux de sa contre-offensive.

Mais le général n'aborda point de front les retranchements et se contenta de supprimer dans l'annonce du spectacle la date, le lieu et l'heure.

Si bien que le public apprendrait qu'on allait jouer *Werther*, mais ignorerait où et quand.

M. Pierreville, ainsi tourné, prit une détermination hardie, et, de son initiative propre, rétablit la date et le lieu dans les journaux et sur les affiches, qui avaient été recouvertes d'une bande blanche.

Ainsi l'autorité civile remportait une victoire appréciable sur la censure militaire.

Coup de téléphone de la place. M. Pierreville, en l'absence du maire, était au récepteur.

— Vous prenez donc l'entière responsabilité de la représentation de *Werther* ?

— Oui, mon général.

— Je refuse de m'associer à cette manifestation.

— C'est bien, mon général. Nous inscrirons qu'elle est faite au profit des œuvres municipales.

— Vous ne craignez pas les avions et les bombardements ?

— Dame ! nous comptons sur vous pour empêcher ces ennuis.

— C'est bon. Vous n'avez pas peur des manifestations ?

— Pas davantage. Il y a quinze jours, on a joué *Faust*, pièce aussi boche que *Werther*, et nous n'avons pas eu d'autre bruit que celui de l'enthousiasme populaire.

Et comme M. Pierreville ne voulait pas perdre le bénéfice de sa documentation, il signala par téléphone au président de la censure :

1° Que le même Goethe, auteur de *Werther*, avait également écrit le drame de *Faust*, dont le sujet avait inspiré Gounod ;

2° Que — chose encore plus invraisemblable — Ambroise Thomas avait tiré *Mignon* d'une pièce qui portait le prénom de l'empereur d'Allemagne, — oui, mon général, — *Wilhelm Meister*, écrit aussi par ce damné Goethe.

C'est pour toutes ces raisons accumulées que *Werther* fut représenté, après *Faust*, à Nancy, le dimanche 17 juin 1917, devant un public vibrant, encore ému de la randonnée d'avions qui, la veille, avaient fait cinquante et une victimes.

LA RÉPÉTITION

TUMULTUEUSE

Lucien Raveau, après dîner, regarde le ciel clair.

— Nous aurons certainement, ce soir, des avions.

Il prend quand même, avec Alice Raveau, Mlle Varnier, Allard, et d'autres camarades de l'Opéra-Comique, le chemin de la salle Poirel où l'on répète *Werther* à 8 heures.

Le chef d'orchestre, George, siège, en manches de chemise, à son pupitre. Les musiciens sont exacts.

La salle Poirel, où, depuis l'incendie du Grand Théâtre, sont données les représentations de Nancy, était, à l'origine, destinée aux concerts. Rien ne la protège contre les bombardements. Le centre de son plafond est simplement vitré, et déjà on a dû remplacer dans ses galeries latérales la plupart de ses flamandes démolies par des bombes et des obus tombés tout près.

Ça ne fait rien. Les artistes tiennent à présenter

le lendemain un opéra irréprochable, et veulent faire le grand raccord.

De nombreuses personnes assistent à la répétition.

Dès les premières mesures, on comprend que l'on aura quelque peine à arriver. Le canon tonne, sourdement d'abord, puis avec un roulement plus sonore.

Alice Raveau dit à son frère :

— Qu'a donc le timbalier ? Il joue à contre-temps. Dis-lui de se tenir tranquille.

Mais Raveau ne transmet pas ses paroles au musicien parce que les coups de cymbale, ce sont nos artilleurs qui les donnent avec leurs pièces pour chasser les avions boches qui rôdent dans le bleu foncé du ciel.

— Allons, dit George, enchaînons, enchaînons.

Allard, la canne aux mains, nous murmure l'amour calme et puissant d'Albert pour Charlotte. Et le canon lui fait un accompagnement imprévu.

Voici Mlle Varnier qui proclame que

> Tout le monde est joyeux,
> Le bonheur est dans l'air.

Elle songe sans doute que dans l'air il n'y a pas uniquement du bonheur, mais aussi de sinistres machines qui, tout à l'heure, nous lanceront peut-être des explosifs. Et elle a la gorge un peu sèche, de quoi la gourmande assez sévèrement le chef.

Le tumulte du canon devient plus violent. On s'entend peu et mal.

Raveau monte sur le plateau.

— Mes enfants, il est imprudent de laisser la salle allumée. Les verrières éclairées nous feraient repérer. On va éteindre quelques instants. Mettez-vous à l'abri dans les couloirs. On reprendra tout à l'heure.

Quelques personnes évacuent la salle. D'autres restent.

— Ce n'est pas gai, murmure Mⁱⁱᵉ Varnier en quittant la scène, de chanter des airs joyeux dans un pareil vacarme, sous la menace de la mort.

Mais comme elle n'a pas terminé sa chanson, que George et ses musiciens sont au pupitre, elle remonte vivement à la rampe et, les bras tendus en un geste puéril et charmant, déclare à nouveau que

Le bonheur est dans l'air.....

Le tapage est tel que, vraiment, il n'est plus possible de continuer. Des gens vont au dehors, examinent le ciel et rentrent.

— Ils sont au-dessus de nous.

« Ils », ce sont les avions boches.

On se réfugie dans les couloirs et on fume des cigarettes en attendant que le danger se soit un peu éloigné.

Dix heures. La canonnade n'a pas cessé.

— Nous n'aurons pas de tranquillité de toute la nuit, dit Raveau. Si vous voulez, on reviendra demain matin.

Les musiciens ne consentent pas à perdre une matinée, et, refusant d'adopter le sage conseil, se remettent avec rage à la musique de Massenet. Il faut poursuivre.

Alice Raveau ne monte plus sur les planches et chante dans la salle, sur un fauteuil, derrière le chef d'orchestre.

— Tiens, dit quelqu'un, on dirait la mise en scène du *Marchand de Venise* au théâtre Antoine.

Parmi le bruit énorme des explosions, la répétition de *Werther* se déroule, appelant sur le plateau les artistes qui vont et viennent, se croisent, chantent des paroles d'amour, des paroles mélancoliques et douces, des paroles qu'émiette le fracas de l'artillerie, que dissèque le clair claquement des mitrailleuses.

Et dans le brouhaha des voix qui échangent des impressions, dans les souhaits de bonne nuit formulés en souriant par ceux qui partent, on arrive enfin à la dernière scène du dernier acte, pendant que les vitrages vibrent et tintent comme s'ils riaient nerveusement.

On va sans précipitation jusqu'à la porte. Le canon gronde toujours avec fureur. Au profond de la nuit scintillante d'étoiles, les avions — sont-ils amis ou ennemis? — ronronnent comme des chats.

Les obus, en éclatant, raient le ciel de traînées lumineuses — spectacle merveilleux et qui contient tout le mystère de la vie et de la mort.

Au-dessus et tout autour de Nancy, vers Neuves-Maisons, Pont-Saint-Vincent, Frouard, Saint-Nicolas-de-Port, dans toute la banlieue on sent que passe le frisson mystérieux d'un danger qui va crouler.

Et l'on se sépare avec une élégante nonchalance, avec le désir de paraître dégagé de tout souci.

On presse aimablement les mains qui se tendent.

— Allons, bonne nuit. Ce ne sera rien.

— Bonne nuit... Bonne nuit... Bonne nuit...

16 juin 1917.

BOMBES DANS LA NUIT

A la sortie de la répétition de *Werther*, je m'attardais au balcon de l'*Est*.

La formidable toux des canons et des mitrailleuses avait cessé. La ville était calme. La nuit se parait de toutes ses splendeurs.

A peine, de-ci de-là, sur le plateau de Malzéville, vers Frouard, vers Pont-Saint-Vincent, quelques éclairs illuminaient le ciel, obus d'exploration lancés par des artilleurs encore inquiets après le tumulte de tout à l'heure.

Un temps adorable. Une fraîcheur que l'on savourait comme un fruit mouillé de rosée. On était heureux de respirer, de vivre. Un charme délicat enveloppait la cité, le charme languissant d'une sorte de convalescence heureuse.

Encore une nuit passée sans dommages.

Et, d'un coup, un bruit effroyable. Une, deux, trois bombes explosant à intervalles d'un dixième de seconde. D'autres encore tombent dans un fracas dont on ne peut par des mots noter le déchirement.

Ma femme est étendue sur le tapis. Blessée? Tuée? Non. Je la relève. Elle a été renversée par la chute de la fenêtre et n'a aucun mal.

Vivement on se réfugie dans la partie la moins exposée de l'appartement.

Les canons rugissent aussitôt, et les mitrailleuses hoquettent. On ne distingue plus rien que l'incessant tumulte de l'artillerie et des bombes.

Cinq minutes. Dix minutes. Les détonations s'apaisent, s'éloignent.

Il faut savoir ce qui est arrivé.

Nous sortons. Les branches des arbres sont fauchées. Les vitres des maisons, vers le pont Saint-Jean, craquent sous les pieds.

Dans la cour de la gare, des soldats, s'éclairant avec des lanternes, cherchent on ne sait quoi. D'autres s'appliquent à relever parmi les débris du poste les registres que l'explosion a dispersés.

Les automobiles d'ambulance arrivent en vrombissant. Le lieutenant Comte donne des ordres pour que les blessés soient aussitôt emportés.

Sous une porte des corps sont étendus : ce sont les morts.

Une femme qui accompagnait son fils a été tuée. Des soldats qui, de retour de permission, partaient pour le front, ont trouvé la mort sur les quais ou dans les salles. Les médecins, les infirmiers donnent les premiers soins, en hâte. Il y a plus de cinquante personnes à panser.

Lá façade de la gare est ruisselante de sang jusqu'à hauteur d'homme.

A l'intérieur, des rails, arrachés de leurs traverses, se lèvent vers le ciel, crispés comme pour une suprême imploration.

Une automobile s'arrête au bord d'un trou de bombe.

Sur la place, un grand entonnoir est creusé, au fond duquel gît une énorme marmite. Je veux la prendre, comme document, et je constate, à la lumière de ma petite lampe, que c'est tout bonnement l'abat-jour du globe électrique dont le lampadaire en fonte est à côté en mille morceaux.

Tout près de nous des gens s'arrêtent devant les morceaux de macadam et les moellons rejetés jusque-là. On fouille le pavé pour recueillir des souvenirs en acier.

D'autres bombes sont tombées à quelques mètres de la salle Poirel où, il y a une demi-heure, se terminait la répétition de *Werther*, près du lycée, dans la rue Gambetta, du côté de la caserne des pompiers et du commissariat de police.

Mon imprimeur, Marcel Lamotte, a vu dans le couloir d'une maison un blessé qui gémissait et qu'on n'avait encore pu soigner.

M. George, qui causait avec un musicien sur la place Thiers, a été, avec son compagnon, jeté sur le pavé par les explosions. Tous deux doivent la vie au socle du Libérateur du territoire, qui les a parés des éclats et des shrapnells.

Alice Raveau s'est retirée à temps pour ne pas être guillotinée par la fenêtre qui a dégringolé sur la table de toilette.

Raveau a la tête endolorie. Par trois fois il a été lancé contre la porte de sa chambre, à l'hôtel d'Angleterre.

Tout autour de la gare, des lumignons scintillent dans la nuit. Des gens regardent les entonnoirs et ramassent des éclats.

Bientôt, cependant, les soupiraux des caves qui jetaient des lueurs tamisées redeviennent sombres : on est remonté chez soi.

Le ciel s'est apaisé de nouveau.

Des fusées s'élèvent silencieusement vers les étoiles.

C'est fini, la mort a passé.

La vie recommence.

17 juin 1917.

LA RONCHÈRE

On est allé, après la représentation de *Werther*, dîner à La Ronchère tout près de Houdemont.

Le lieu est charmant.

Sous les arbres, dans le parc, les dames sont assises sur l'herbe, savourant la douceur du crépuscule, et la joie de n'être pas sous la menace des avions boches.

Alice Raveau a totalement oublié le tumulte de la répétition, et qu'elle a failli être décapitée par une bombe.

Le dîner est extrêmement joyeux, comme il convient après un succès et lorsqu'on est certain d'avoir, une fois de plus, échappé à la mort.

On n'en est pas encore au dessert que les canons des alentours commencent à tousser.

Vivement on éteint les deux bougies qui, dans la frondaison épaisse, éclairent le couvert, et on attend.

Le tonnerre de l'artillerie de campagne gronde de plus en plus fort, et le ciel s'illumine d'explosions, pendant que tout en haut ronronnent les moteurs — français ou allemands.

Pour ne point recevoir quelque culot de 75 ou de la mitraille de nos défenseurs, on est enfin obligé de se mettre à couvert sous le bâtiment.

Déjà les pensionnaires de l'hôtellerie, accoutumés aux alertes, s'organisent pour passer la nuit dans les corridors. Ils transportent des matelas, des chaises longues, étendent les enfants que le tapage n'éveille pas.

On ne peut risquer un pied dans l'obscurité sans écraser une main ou heurter un corps gémissant.

Au dehors, le jet d'eau chante dans la vasque sa chanson monotone, et les shrapnells, en trouant les feuilles, bruissent comme une lourde pluie d'orage.

On ne voudrait pourtant point passer la nuit dans la cuisine inconfortable, à laquelle la misérable lueur d'une chandelle donne l'aspect d'une chambre funéraire.

Pendant une accalmie, Alice Raveau, son frère, et notre ami l'éditeur J. Van Melle, montent dans une automobile et partent vers Nancy.

Nous restons dans le parc, à demi couchés sur des rocking-chairs, écoutant les pleurs de l'eau, regardant les lueurs qui éclatent au-dessus de Neüves-Maisons, entendant parfois le ronron des machines volantes qui ont sans doute autre chose à faire que de jeter des bombes sur une bâtisse isolée et sombre.

Vers 11 heures, la voiture revient, alors que nous commençons à désespérer.

Le chauffeur, Coureur, nous raconte qu'il a dû éteindre les phares à l'entrée de Nancy, et que l'une des passagères ayant reçu dans la figure de la boue projetée par un éclat, il a fallu se réfugier en hâte dans une cave.

On est enfin reparti, et, sans autre accident, arrivé à bon port.

A nous, maintenant.

Poignées de main, souhaits de bon voyage, et rapide course par la campagne, dans le fracas de l'artillerie. Il fait bon. Le ciel est clair et la route luit sous la lune. Ici, là, partout des éclatements d'obus. Plus sourd et plus majestueux au lointain, le craquement des bombes.

Nous filons dans les rues à une rapidité folle.

Puis tout se tait. Les projecteurs ont l'air de chercher en haut, inquiets. Ils agitent leurs bras lumineux dans toutes les directions, s'arrêtent, recommencent, se fixent, se précipitent à la recherche des oiseaux de mort.

Le silence est frissonnant d'angoisses.

Sur le pont Saint-Jean, brusquement, à côté de nous, rompant le calme, le claquement d'une mitrailleuse nous fait sursauter.

Ce n'est rien. On est passé. On est arrivé. On

descend de la voiture. Le tonnerre recommence, assourdissant.

On se réfugie dans la cave de l'*Est* et on cause des événements de la journée avec une tranquillité souriante.

Mais M. George, chef d'orchestre, désire rentrer à son hôtel.

Il n'est pas sorti que le fracas reprend.

Et c'est cette nuit-là que nous avons inauguré un bruit nouveau. On croyait bien connaître l'harmonie et les dissonances de tout ce qu'on pouvait rêver comme explosions. Eh bien! nous n'avions pas tout entendu.

Une mitrailleuse ou un canon-revolver, — on n'a jamais pu savoir, — donne exactement l'impression, par son battement lent et rythmé, qu'un noctambule attardé frappe vigoureusement avec un gros bâton sur la porte d'une maison vide. On ne saurait imaginer un tapage plus énervant.

— C'est encore plus agaçant, murmure flegmatiquement quelqu'un, que la musique vériste.

Et je crois bien en effet qu'on préférerait entendre *Paillasse* ou *Cavalleria*.

Deux fois George essaie de partir. Il n'a que quelques pas à faire. Mais il met à peine le nez dehors que les tirs de barrage sont déclenchés avec fureur.

— Assurément, dit-il, ces gens-là me guettent.

En effet, chaque fois qu'il tente une évasion, il

est vivement refoulé par la canonnade et les mitrailleuses, et rentre en levant les bras avec une expression de désespoir comique.

— On ne peut pourtant pas, fait-il, rester éternellement ici, bien qu'on n'y soit pas trop mal. J'ai à travailler, moi !

Enfin, vers 2 heures du matin, il peut regagner l'hôtel où ses camarades de l'Opéra récitent des monologues gais dans la cave.

Ainsi finirent les aventures de *Werther,* venu pour un jour et deux nuits à Nancy en guerre.

18 juin 1917.

LA LÉGENDE

DES AUTOS-CANONS

D'innombrables Nancéiens ont vu les autos-canons. D'après eux, des automobiles sur lesquelles sont braqués des canons parcourent les rues pendant les bombardements par avions et tirent à bouche que veux-tu sur les agresseurs aériens.

Depuis quelque temps, en effet, les nuits sont emplies d'un vacarme plus puissant, les éclairs des détonations illuminent la cité jusqu'en ses moindres recoins. On dirait vraiment que les coups sont tirés sur les places et sur la chaussée, et l'on a les yeux éblouis et les oreilles bourdonnantes.

Jamais, depuis que sont établis les tirs de barrage, on n'avait entendu un aussi effroyable tapage.

— Il n'y a pas d'autos-canons, me dit le maire. Il n'y a pas d'autos-canons en ville. Sur le front peut-être. A l'intérieur de la cité il n'y en a pas, je vous le répète.

— Cependant, vous trouverez des milliers de

Nancéiens qui l'assurent. Des centaines affirment en avoir vu.

— C'est une légende, une pure légende.

— Et moi-même, une nuit que j'étais sur la place Thiers, alors que notre artillerie tonnait, je suis passé près d'une automobile qui paraissait bien faire sa partie de concert.

— Vous avez été le jouet d'une illusion. L'automobile ne portait pas de canon, je vous le certifie. Et même je vous serais reconnaissant de détruire cette légende.

Les amis à qui je rapporte cette conversation sont incrédules. Ils tiennent aux autos-canons.

Un officier vient me voir.

— Je suis chargé, me dit-il, de la défense anti-aérienne, et serais curieux de savoir si la population est satisfaite de notre nouveau système de barrage. Je comprends que l'assourdissant tintamarre que nous faisons gêne son repos. Mais nous n'avons le choix qu'entre deux méthodes : ne tirer que sur l'avion vu — et je dois vous déclarer qu'on ne voit guère les avions dans la profondeur de la nuit — ou établir à grand renfort d'explosifs un barrage dans le ciel.

Si nous continuons nos tirs de barrage, nous troublons le sommeil de Nancy, mais nous avons toutes chances pour détourner l'ennemi. Si nous attendons de percevoir le but, nous risquons de laisser passer les aviateurs ennemis.

Je vous demande, à vous qui êtes plus près que nous de l'opinion publique, ce qu'on en pense.

— Ma foi, je crois bien que, toutes choses considérées, il vaut mieux continuer les tirs de barrage. On s'habituera à cela comme on s'est habitué à tout le reste, et, quand on sera très fatigué, on dormira malgré le bruit que vous pourrez faire. On dormira mieux même, si on se sent davantage protégé.

— Bien. Alors, nous intensifierons les tirs de barrage?

— Vous êtes plus qualifié qu'un méprisable civil pour apprécier la vertu des deux méthodes. Une question, pourtant. La population est plus particulièrement secouée dans ses nerfs par les autos-canons. Je sais bien qu'on ne peut pas mettre à ces instruments une muselière qui étouffe les sons. Ne serait-il pas toutefois possible de les éloigner des quartiers centraux?

— Des autos-canons? Mais il n'y en a pas en ville. Il n'y en a jamais eu : ni dans les quartiers centraux ni dans les faubourgs.

— Et ces formidables explosions qui ébranlent les maisons? Et ces lueurs fulgurantes qui incendient nos rues?

— Ce ne sont pas des autos-canons. Ce sont nos obus qui, éclatant parfois un peu bas, pour barrer le passage aux avions qui plongeraient, donnent ces lueurs et produisent cet infernal tapage.

J'avais entendu dire que la légende des autos-canons se répandait avec abondance. Je ne croyais pas qu'elle fût sérieusement admise.

— Elle existe ; elle existe à tel point qu'elle est devenue pour tout bon Nancéien article de foi.

— Vous pouvez en toute sincérité opposer à cette rumeur un formel démenti. Il n'y a jamais eu d'autos-canons dans Nancy.

La légende a résisté à toutes les dénégations, à tous les démentis. Et on ne rencontrerait pas dans la ville aux portes d'or dix citoyens qui doutent de l'existence des autos-canons et de leur séjour à l'intérieur de la cité pendant les nuits où tonne la canonnade des tirs de barrage.

L'Histoire aime à se parer de quelques erreurs.

Juin 1917.

CANON... BOMBE...

Depuis quelques minutes, les claquements du canon se rapprochaient. Bientôt apparaissaient au-dessus de l'horizon, très haut, sur toute la ligne, de brusques lumières qui s'éteignaient dès que surgies.

Liégeois était assis sur le rebord des grandes baies de la salle de rédaction. Toutes les fenêtres étaient ouvertes.

A cheval sur une chaise, une cigarette aux lèvres, j'admirais la nuit de cristal bleu et je songeais que, le lendemain, c'était la Fête nationale, et que d'autres mois de juillet passeraient encore sans que nous voyions défiler dans l'admirable cadre de la place Stanislas nos soldats triomphants au son des claires musiques.

Liégeois était venu pour sept jours de permission et se complaisait à toucher le papier, à humer cette odeur d'encre qui est un inconcevable cordial pour les journalistes passionnés. Il n'avait pas la force de quitter la maison et cueillait des souvenirs à tous les coins de table.

Dans la somnolence d'un poste du camp retranché de Paris il se fâchait de ne rien voir, de la guerre et se réjouissait du spectacle qui lui était donné ce soir.

Les coups de canon devenaient plus durs, et plus lumineux les éclatements.

Subitement, des fusées s'élevèrent, gracieuses, en courbes d'abord, puis zigzaguant, éclairant de lueurs fulgurantes les crêtes toutes proches, dessinant les contours de la campagne. Capricieuses, ces lumières filaient de droite à gauche, se redressaient, montaient tout droit, faisaient encore un crochet, s'arrêtaient, s'épanouïssaient en bouquets et lentement descendaient vers le sol.

— On s'est trompé de date, fit Liégeois. On a cru que c'était le 14 juillet. Voilà le feu d'artifice !

D'autres fusées partaient, éclairant les forêts, et jouaient entre elles, se poursuivant, se croisant, se heurtant, courant avec des soubresauts étranges, finalement dispersées en gerbes lumineuses.

— Mais ce ne sont pas des fusées ordinaires.

— Non, dis-je, ce sont des chenilles : des chaînes de ballons qui s'allument les uns après les autres, illuminent les chemins par où veulent entrer les avions ennemis, et qui, si elles rencontrent des aéros boches, s'y attachent et les incendient.

— Ah ! ah ! s'exclama Liégeois extasié, belle invention !

— Certes.

Mais il faut croire que les appareils allemands étaient passés à côté ou au-dessus des chenilles, car tous les postes d'artillerie anti-aérienne se mettaient à cracher du feu.

— Tir de barrage.

Liégeois cherchait à distinguer. Penché sur la marquise, les jambes hors de la fenêtre, il avançait la tête.

— Vous allez recevoir quelque éclat qui vous fera un trou au crâne.

— Entendez. Ça se passe du côté de Frouard.

Et comme un éclatement plus fort résonnait :

— Bombe, fit-il.

Un coup moins retentissant :

— Canon !

Dès cet instant, Liégeois ne s'occupa plus que de noter si ce qu'on entendait venait des canons ou des bombes.

— Ah ! bombe... canon... canon... bombe...

Toute la soirée, malgré nos rires un peu sceptiques, car les coups souvent se confondaient, il répéta avec enthousiasme :

— Bombe... bombe... canon... bombe...

Quand, dans les intervalles de silence, les chenilles remontaient en gerbes folles, trouant de lumières la profondeur du ciel où ronronnaient les moteurs, Liégeois s'exclamait :

— C'est épatant ! C'est épatant ! Et dire que depuis que je suis soldat je n'avais pas vu ça !

Puis il reprenait :

— Canon... bombe... bombe...

— Vous verrez qu'il vous tombera tout à l'heure quelque chose sur la figure.

En effet, les petites brisures des obus explosifs commençaient à tinter sur les toits et sur les pavés.

— Bombe !... canon !... répétait Liégeois sans se troubler.

D'un coup, la ville fut emplie par la secousse d'une explosion.

Je me levai, et, m'approchant de la baie :

— Hein, Liégeois..., cave !

Liégeois avait été expulsé de la fenêtre. Mais il s'arrachait avec peine au spectacle qui l'avait pris tout entier, et, insoucieux du danger, hochait la tête.

— Allons, vivement, à la cave ! C'est le moment ou jamais.

Liégeois s'en vint avec nous sans se hâter, comme à regret.

Dans la chaufferie il comptait encore :

— Canon... bombe... C'est épatant, épatant !... Bombe...

Juillet 1917.

APPEL A LA SAGESSE

Le 15 juillet 1917, le général commandant l'armée adressait à la population lorraine l'avis suivant :

« La population civile a déjà été avisée des dangers auxquels elle s'expose en demeurant dans les rues et sur les places publiques lorsque des avions ennemis survolent les villes, soit de jour, soit de nuit.

« Trop de personnes négligent encore d'observer les consignes prévues à cet égard. Leur imprudence n'est nullement un acte de courage, mais simplement le fait d'une inutile curiosité pour un spectacle devenu banal ; elles risquent d'être victimes non seulement des bombes de l'ennemi, mais encore des éclats de nos propres obus qui, en retombant vers le sol avec une grande vitesse, peuvent causer de graves blessures.

« Le général commandant l'armée fait donc appel une fois de plus à la sagesse et au bon sens de la population lorraine : lorsqu'on est averti de l'approche des avions ennemis, soit par les avertisseurs (sirènes, cloches, etc.), soit par l'éclatement des projectiles de nos batteries anti-aériennes, qui doivent tirer au-dessus des lieux habités pour assurer efficacement leur protection, tout le monde sans exception doit quitter les rues pour se mettre rapidement à l'abri dans les maisons et, si possible, dans les caves les plus rapprochées.

« Q. G. A., le 15 juillet 1917.

« *Le Général commandant l'armée.* »

NOCTURNE

Lorsque, le soir, le temps est menaçant, c’est-à-dire qu’il présage une nuit claire, et par conséquent la venue des avions allemands, les ouvriers du journal arrivent un à un ou par groupes, après dîner.

Ils estiment que, pendant les bombardements aériens, il vaut mieux être dans une maison que dans les rues, où tombent non seulement les bombes mais d’innombrables éclats de nos propres obus.

Ce n’est pas qu’à l’*Est* ils soient merveilleusement protégés contre les accidents. Ils travaillent sous une flamande vitrée, à travers laquelle sont descendus déjà quelques cailloux importants, certains asphaltes de poids, et des morceaux d’acier impressionnants.

Mais ils trouvent là sinon la sécurité, du moins la possibilité, — dont ils n’usent guère, — de se garer derrière les bobines de papier ou de s’abriter dans la chaufferie, si les tirs de barrage sont trop violents.

Gy, metteur en pages, qui a fait son service

aux colonies et est infiniment ingénieux, a confectionné avec des bouts de bois, de la ficelle et du papier, deux lits de camp qui ne sont pas extrêmement confortables, mais où l'on peut s'étendre en attendant que sonne l'heure de la besogne.

Et chacun, vers 9 ou 10 heures, prend la place qui lui est le plus commode, à laquelle il est le plus accoutumé.

Lorber couche sur la banquette de la publicité, au rez-de-chaussée. Dienst préfère, dans les couloirs du premier étage, le long divan sur lequel, dans le jour, se reposent les visiteurs. Antoine prend une chaise à la chaufferie, s'assied, la tête entre les mains.

Pour mon ami Mory, secrétaire de nuit, il a fait élection de domicile sur le canapé de la rédaction, et, ayant transformé en traversin une pile de journaux, il s'étire voluptueusement, dans l'espérance que les télégrammes lui seront apportés de bonne heure.

Et bientôt, la dernière cigarette brûlée et la conversation éteinte, tout ce monde glisse au pays des rêves.

Tout est noir, dehors et dedans. Au ciel, des avions français tournent, tournent inlassablement. D'autres reviennent de lointaines expéditions. La nuit vibre de toutes ces orgues. Un immense bruissement doux, léger ou puissant, court sous les étoiles, mystérieusement, interrompu lorsque l'aviateur coupe l'allumage pour atterrir, recommençant avec l'envol ou l'arrivée de nouvelles machines. On dirait un essaim d'abeilles nocturnes autour d'une ruche.

La maison aussi s'est mise à vibrer au diapason. Elle est emplie de bruits pareils au ronron des avions.

Les travailleurs du journal dorment et ronflent.

Dans l'atelier, derrière les bobines de papier, dans les salles d'expédition, de publicité, de comptabilité, sous la table de l'administration, dans les couloirs, à la rédaction, au sous-sol, au rez-de-chaussée, au premier étage, partout le souffle du sommeil s'élève avec d'étranges variations.

Les fortes respirations et les murmures, les bégaiements, les clappements des bouches enfiévrées, les cris à peine articulés dans l'inconscience de la torpeur accablée, cela se mêle, se multiplie, se fond en une harmonie qui se superpose à la monotone chanson des moteurs.

La maison frémit dans toutes ses membrures comme un prodigieux violon. Et je me promène en silence et sans lumière, parmi ces bruits et cette obscurité.

Le grondement du canon, d'abord assourdi par l'éloignement, se rapproche. Nos avions, qui ont terminé la garde ou qui sont revenus de leur expédition, se sont posés dans les hangars.

Sur les sommets des fusées partent, le tocsin

sonne, le tir de barrage est déclenché. Voici une attaque des « Aviatik » ou des « Gotha ».

Mais le fracas n'éveille point les hommes lassés. Quelques-uns se retournent sur le flanc et recommencent à respirer en cadence.

Le tonnerre des obus qui doivent arrêter les avions ennemis domine un moment les autres rumeurs. Puis il s'apaise, se calme après quelques derniers hoquets.

La paix est revenue. Les dormeurs reprennent le rythme lourd des respirations pressées...

Il est plus que minuit. Un à un, percevant obscurément que l'heure est venue, ils s'éveillent, se dressent au-dessus de leur lit improvisé, détendent leurs membres lourds, vont vers les machines.

Maintenant, ce sont les cliquettements clairs de l'acier des linotypes, la lumière éblouissante des lampes électriques sur la blancheur luisante du bâtiment.

Plus de berceuse... Plus de nocturne... Plus de sommeil.

Voici l'allégro du travail.

Juillet 1917.

« *COCHONNERIE*

DE VACHERIE! »

Les bombes tombaient comme à pleins seaux. Les tirs de barrage étaient d'une violence atroce et ne s'interrompaient un instant que pour reprendre avec plus de furie. Les obus de nos canons éclataient au-dessus de la maison et paraissaient s'entre-choquer dans une féroce bousculade.

La chaufferie fut envahie par des voyageurs qui descendaient du train.

Deux couples auxquels on présenta des chaises s'assirent sagement, sans parler, trop troublés pour murmurer un merci.

Un homme les suivait. Je crus qu'il était ivre, tant il flageolait. Il jeta à terre sa musette, son sac débordant d'outils et sa casquette.

Il avait le col défait, le gilet ouvert, les chaussures dénouées.

Il tremblait comme un arbre secoué par la tempête. Tout son corps était un frisson. Les exclamations qu'il poussait étaient rauques et incompréhensibles. On ne percevait que des sons inarticulés.

— Asseyez-vous donc, monsieur, lui dis-je, près de la chaudière. Vous devez avoir grand froid.

Il me regarda de ses yeux égarés, ne comprenant pas.

— Chauffez-vous, voyons. Vous êtes gelé.

Il fit signe que non.

Puis avec un geste hésitant qui ne trouvait pas la poche, il prit sa blague et son cahier de papier à cigarettes. Les objets lui échappèrent des mains. Je les ramassai, enlevai une feuille, mis un peu de tabac dedans, et présentai la cigarette roulée.

— Mouillez-la.

L'homme la prit et essaya de terminer le petit ouvrage. Les doigts ne lui obéissaient pas. Tout se répandit à terre.

Il bégaya quelques mots, et je crus comprendre :

— Co... co... cochonnerie de va... va... vacherie !

Je n'étais pas bien sûr qu'il s'adressât à la cigarette tombée, et j'estimai qu'il était convenable de le calmer en lui expliquant notre situation.

— Ce n'est rien, monsieur. Ici, vous ne courez plus aucun risque. Vous avez été ému : on le serait à moins. Mais à présent vous êtes à l'abri.

Il ne répondit pas.

— Vous n'êtes pas entraîné. Pourtant, il y a assez longtemps qu'on nous envoie des bombes et des obus. A votre sac je vois que vous êtes un travailleur de par ici. C'est sûrement le froid qui vous a indisposé. Mettez-vous là. Dans un moment, vous aurez chaud, vous ne tremblerez plus et vous pourrez tranquillement fumer votre cigarette.

L'homme continuait à être secoué de frissons qui l'agitaient de haut en bas, mais ne se déplaçait pas, ne s'asseyait pas.

Pendant une accalmie de l'artillerie, il reprit un peu ses sens et, d'une voix entrecoupée, dit :

— J'étais à Versailles. On m'a demandé de venir ici travailler quinze jours. Quinze jours !... Encore quinze jours !... Non, non, non, je pars demain.

— Eh non, vous ne partirez pas demain. Demain, vous ne penserez plus à partir. Vous vous habituerez à ça, comme tout le monde, comme on s'habitue à tout.

Et même ça vous manquera quand les Boches passeront quelques jours sans venir. Qu'est-ce que vous voulez ? C'est la seule distraction que nous ayons ici à Nancy. Les cafés sont fermés de bonne heure. Les cinémas ne jouent que dans la journée. Plus de théâtre... Alors, le soir, les Boches nous donnent un concert. Soyez-leur donc reconnaissant.

Imaginez combien lamentable serait notre existence si nous étions privés de cet agrément nocturne. Mais on n'y tiendrait pas. Tout le monde fuirait une ville devenue désespérément morne.

Je vous l'assure, tout cela est une question d'entraînement.

Mon ironie, si grosse qu'elle fût, n'amena point
de pli joyeux sur les lèvres blêmes.

Les deux couples sourirent poliment.

— Allons, voyons, ne tremblez plus. C'est fini.
Voilà cinq minutes qu'on ne canonne plus. Cinq
minutes encore et vous rentrerez chez vous, où
vous oublierez votre émotion. Prenez une cigarette.

L'homme prit la cigarette, la porta à la bouche.
Il eut un subit claquement de dents qui chassa le
tabac.

Alors il prit son sac avec fureur, s'avança en
trébuchant vers la porte et sortit sans s'apercevoir
que les tirs de barrage étaient à nouveau déclenchés.

Et je l'entendis qui répétait d'une voix titubante :

— Co... co... cochonnerie de va... va... vacherie !

Août 1917.

ALETTI

Ma maison est une lanterne. Où que l'on soit on voit tous les étages et ce qui s'y passe. Des fenêtres, des baies, encadrées par quelques piliers. Cela fait, en temps de paix, une fort jolie chose. En temps de guerre, ce n'est pas extrêmement avantageux.

Le sous-sol est séparé du ciel par un vitrage, et les obus y peuvent entrer comme en plein champ.

Les bombes, naturellement, ne rencontrent pas davantage d'obstacles. Cependant, il existe un coin assez favorable, où on garde quelque illusion de sécurité : c'est la chaufferie.

La chaufferie est séparée du sous-sol par un mur assez épais : c'est ce que nous appelons la cave.

La chaufferie est le domaine particulier d'Aletti, qui y reçoit avec une belle courtoisie et un sourire éternellement enchanté.

Aletti a deux chaudières qui distribuent la tiédeur à tout le bâtiment et en conservent suffisamment pour qu'aux nuits très froides on leur fasse visite et qu'on en recueille grande satisfaction.

Pour les heures où les canons français établissent des barrages ponctués par la chute des bombes et des obus, Aletti a rassemblé des bancs rudimentairement équarris, des chaises de rebut et des fauteuils trop fatigués pour servir encore aux villégiatures. Il a soin de tous ces sièges qu'il regarde avec des yeux amoureux, et les offre exclusivement aux dames chassées de la rue par les dangers imminents ou aux personnages importants qui nous honorent, en passant, de leur bref séjour.

Alors que l'artillerie tonne et que les bombes éclatent, Aletti, qui a l'exacte notion de l'heure et du devoir, va tranquillement allumer, sous la protection du vitrage, les brûleurs des linotypes et le foyer de la clicherie. Rien ne peut changer la régularité de son service. Et il aurait beau pleuvoir des tonnes de ferraille et de dynamite que les machines ne seraient pas en retard d'une seconde.

Quand on interroge Aletti sur la solidité de la cave, il répond dédaigneusement qu'elle offre un abri plus sûr que si elle était voûtée. Et il s'y connaît, puisqu'il était, avant la guerre, maçon et cimentier, et qu'il a notamment travaillé plusieurs années à la construction des forts de Metz.

Il apaise les dames et plaisante avec les messieurs.

Il a grand plaisir, lorsque les nuits sont claires, à amener ses deux enfants qu'il place, avec des précautions maternelles, sur une pile de sacs, entre les deux chaudières, où ils dorment comme des anges fatigués.

Aletti, qui est extrêmement habile en toutes choses, car, dans les entreprises, il était utilisé comme bricoleur, adore expliquer sa parole au moyen de plans. Pour vous mieux dépeindre sa pensée, il prend un bout de craie et trace des lignes probantes sur le ciment du sol, sur le zinc de la fonderie, sur le mur, ou bien encore sur la surface rugueuse des pierres réfractaires.

Il démontre ainsi aux nerveux que trois étages en ciment armé valent largement une épaisseur considérable de voûte.

Il oublie de signaler qu'un mur comme celui qui est chargé de nous protéger serait soufflé par les nouveaux explosifs comme une bulle de savon par l'ouragan.

Ainsi il rassure tout le monde, et plus encore avec son sourire confiant qu'avec sa craie démonstrative.

Il est des nuits où la chaufferie est plus que pleine. On s'y presse avec anxiété, sous la canonnade, et on n'y parle guère. Ceci se passe pendant les minutes particulièrement périlleuses.

Aletti alors s'en va et trouve toujours une occupation hors de l'endroit le moins exposé. Il va voir, par exemple, dehors, si les avions sont sur Frouard ou sur Neuves-Maisons. Il sait bien pourtant qu'ils sont sur Nancy. Mais cela lui permet d'offrir aux réfugiés une petite place de plus, sans que cela paraisse.

Si on est moins nombreux parce que les passants ont réussi à regagner leur demeure, Aletti consent à s'asseoir. Il ouvre son petit paquet, en tire une double tartine de confiture et mange paisiblement. Et rien que cela est réconfortant au possible.

Il allume ensuite une bonne pipe et me conte les choses de son village natal, qui est aux bords du lac de Lugano.

Sa seule vanité est de me parler italien et que je lui réponde en sa langue. Alors l'artillerie vainement pousse ses grognements, déchire l'air. Il tomberait à nos pieds une bombe de 5oo kilos, après avoir traversé des milliers de planchers en ciment armé, qu'Aletti ne renoncerait pas à me décrire les courbes, à me signaler les criques, à me vanter la prodigieuse douceur du lac au long duquel il courait tout enfant, dans lequel il a pêché, il s'est baigné aux temps heureux de son adolescence.

Aletti me conte les soins qu'il prenait des bêtes de la ferme et les aventures que, tout enfant, il courut au bord de l'eau. De son parler savoureusement populaire surgissent aussi, par brusques éclairs, le charme de Venise et la gloire de Florence, le mouvement de Turin, la puissance de Rome.

La cave est comme illuminée de la lumière bleue des paysages italiens. Et l'harmonie précieuse des évocations lointaines accompagne comme une plaisante ironie la musique barbare des canons et le ricanement cocasse des mitrailleuses.

Les passants qui se sont réfugiés dans la chaufferie d'Aletti ne comprennent pas, mais sont tout à fait rassurés. Ils n'admettent pas un seul instant qu'un obus puisse se permettre de troubler une causerie aussi mystérieusement tranquille.

Et quand ils s'en vont, j'oublie qu'il faut parler français, et leur dis doucement :

— *Arivederci.*

17 août 1917.

L'ABRI DU MORT

On avait projeté une petite soirée artistique sur les pentes de la Foucotte, dans la banlieue de Nancy, chez M. Brun, président de la Société Industrielle de l'Est.

Nous étions invités à entendre M. Georges Sporck, un admirable musicien qui, pour l'instant, s'occupait de l'organisation des théâtres au front.

La propriété est merveilleusement située. On aperçoit de la terrasse toute la ville dans une lumière harmonieuse. Nous étions certains, s'il y avait un raid d'avions, de ne point perdre le moindre détail du spectacle. Nous étions quelques amis : Delhaize, de la Société Nancéienne d'Alimentation, Léon de Joannis, directeur général de la Librairie Berger-Levrault, et J. Van Melle, directeur technique de la même maison d'éditions.

La soirée était charmante. Par les baies ouvertes le parfum mouillé des frondaisons d'automne nous venait par bouffées.

Dans le calme de la nuit Sporck nous berçait de mélodies. Je crois même, — que l'on pardonne cette affreuse trahison, — qu'il eut la terrible audace de jouer du Bach et du Beethoven.

On se serait cru en temps de paix. Les canons avaient clos leur bouche grondante. Le salon s'illuminait adorablement. Les hôtes nous avaient accueillis avec d'affectueux sourires. Oui, on oubliait la guerre. Le souvenir cruel en était aboli.

Et nous nous attardions près du piano chantant, et nous demandions encore, toujours, de poursuivre notre rêve tranquille dans la fumée des cigarettes blondes.

Mais les choses les plus exquises ne durent pas éternellement.

Un dernier bravo clôturait la soirée. Nous prenions, à 10 heures, congé de Mme et de M. Brun, et nous dégringolions, dans la nuit claire, le sentier rocailleux qui mène à la ville.

Tout d'un coup un tir de barrage se déclenche. Les avions allemands revenant de Frouard sont signalés. Notre artillerie tâche de leur interdire le passage de Nancy.

Autour de nous pleuvent les shrapnells et les éclats de nos 75, en grêle épaisse qui gicle sur les réverbères et fait sur les arbres un bruit sec.

Nous sommes à peine devant le Bon Pasteur. Les maisons sont fermées et les gens réfugiés dans les sous-sols.

Nous ne voulons point, par amour-propre, presser le pas, et nous continuons à deviser joyeusement, raillant les fichus trouble-fête qui nous accompagnent d'une étrange musique de ronrons.

Or le tir devient plus pressé, en rafales, et les morceaux d'acier tombent plus dru.

Sans le vouloir, petit à petit nous allongeons la marche.

— Si nous passons en ce moment vers la gare, dit l'un de nous, nous allons recevoir quelque chose de désagréable.

— C'est le destin, répond philosophiquement Delhaize.

Et il salue comme pour se moquer.

Une petite maison, au coin de la rue de Toul, laisse filtrer une faible lueur.

— Nous entrons?

Nous évaluons la solidité de l'immeuble, que précède un jardinet, et qui est seulement élevé d'un étage.

— Bah! ça nous parera toujours des shrapnells.

A notre appel une dame ouvre la porte, s'éclairant d'une lampe à pétrole.

— Veuillez passer, messieurs, dit une voix paisible. Vous serez ici plus en sûreté que dans la rue.

Avec mille excuses et des sourires embarrassés, nous franchissons le seuil et nous nous arrêtons dans le couloir.

— Voici la cave, nous dit l'obligeante dame.

Nous vous laissons la lumière. Pardonnez-moi de ne pas vous tenir compagnie. Quelques parents et moi, nous veillons le grand-père, qui est mort tout à l'heure.

Une autre dame nous fixe de ses yeux où rayonne quand même du bonheur.

— Je croyais, fait-elle, que c'était mon mari. Il arrive ce soir en permission.

Nous ne sommes restés que peu d'instants dans cet abri mortuaire, et nous sommes remontés dans la rue, malgré les tirs de barrage et la grêle des bouts d'acier.

Août 1917.

AU POSTE DE POLICE

Van Melle nous avait dit, à Delhaize et à moi :

— Venez donc un de ces soirs, après dîner. J'aurai plaisir à vous montrer de savoureuses éditions, et notamment une que vous feuilletterez avec grande satisfaction. J'ai apporté ces livres de Paris, et je suis certain que vous ne les connaissez pas encore, — du moins sous cette forme harmonieuse.

Il me reste aussi quelques fonds de liqueur. Ma foi, on bavardera en buvant un peu de vieille chartreuse et en fumant des cigarettes russes, belges, — et même turques.

De plus, si les avions allemands nous font l'honneur d'une visite, vous apprécierez la beauté de l'admirable place Carrière sous une illumination originale.

C'est entendu ?

— Entendu. A ce soir.

En effet, le soir nous étions réunis, toutes fenêtres voilées, sous la lampe électrique, admirant la vigueur prodigieuse, l'étonnant modelé des eaux-fortes de Félicien Rops, l'illustrateur incomparable de Barbey d'Aurevilly et de Baudelaire.

Delhaize et Van Melle évoquaient les paysages flamands et racontaient les émotions, joyeuses ou tragiques, vécues par eux, depuis la guerre, en terre belge. Ils disaient l'harmonie des lignes du paysage de Flandre et combien ce peuple de commerçants a de bravoure et de flamme artistique. Ils retrouvaient dans leur pensée les tableaux qu'ils avaient admirés aux musées du monde entier, et qui venaient de chez eux, et dont la gloire caressait leur imagination.

Appuyés à la bibliothèque, penchés sur la table, dans la fumée bleue, nous dessinions des contours de rêves pour l'avenir.

Autour de la maison, le silence de la place faisait un cortège de songes à notre intime causerie.

— Éteignons !

Les fenêtres ouvertes, les silhouettes des vieilles maisons nous apparurent sur le ciel. Leur grâce passée se profilait étrangement sous les éclairs des explosions, et il y avait dans la clameur des échos le son de voix lointaines.

— Quelle tristesse, disait Van Melle, si tout cela disparaissait, si tout cela, sous les bombes, s'effondrait subitement !

Cette pensée nous accablait si fort que nous ne songions pas à nous-mêmes et que nous emplissions nos yeux de ce spectacle que demain peut-être nul ne pourrait plus regarder.

Puis le grognement du canon s'apaisa, avec quelques sursauts de mauvaise humeur. Nos avions, prenant leur vol, promenaient leurs lanternes dans les recoins du ciel.

Au loin, très au loin, des fusées éclairaient l'horizon, vers les pays où l'on ne dort plus que le jour.

On referma les volets, on tira les rideaux et on choisit de nouvelles cigarettes.

Le charme était rompu ; le rêve s'éteignait.

— On rentre ? demanda Delhaize.

— Je vous accompagne un bout de chemin, fit Van Melle.

Tous trois, dans le noir de la nuit, bronchant aux trottoirs, heurtant aux invisibles becs de gaz, nous remontions vers le cours Léopold, suivant chacun notre pensée.

— Allons, c'est fini pour ce soir !

La parole était à peine prononcée que le tapage de notre artillerie commençait. Les zigzags se croisaient au-dessus de nous. Toutes les pièces de tous les postes semblaient nous avoir guettés pour orner notre retraite d'une magnifique voûte de feu.

Et la chose eût été fort belle si, en même temps, les shrapnells et les éclats, brisant les branches d'arbres et faisant tinter les tuiles et les réverbères, ne nous avaient avisés que tout à l'heure nous aurions immanquablement la tête percée par un débris de fer.

Nous trouvions enfin un refuge, avec d'autres

personnes, sur la place Carnot, sous le porche de la maison Bellieni. Mais je trouvai bientôt que l'abri était inconfortable, car je me souvins que, quelques jours auparavant, le portail contre lequel nous nous blottissions avait été traversé par des éclats de bombe ou d'obus.

Delhaize avait mis son chapeau de paille sous le bras. Et je ne me lassais pas d'admirer cette curieuse mesure de précaution.

Un de nos compagnons eut une idée :

— Si nous courions au commissariat central ?

Nous voilà galopant par les rues.

— Par ici ! criait-on.

— Non ! de ce côté, c'est plus court.

Nous arrivons sans encombre chez les pompiers et nous pénétrons dans le poste de police.

M. Cacavelli, commissaire central, en redingote, est sur le seuil de la cave et nous accueille avec une souriante bonhomie :

— Vous êtes les bienvenus, messieurs. Entrez donc. Nous avons déjà beaucoup d'invités.

On eût dit vraiment d'une réception mondaine.

Septembre 1917.

LE BEC-BOIS

Dans les environs de la maison il y a une arme à feu qui fait un tapage bizarre et qu'on tente vainement de classer parmi les traditionnels instruments de massacre. Certains prétendent que c'est une mitrailleuse; d'autres assurent que c'est un canon-revolver.

Au fait, personne ne l'a vue. Tout le monde l'a entendue.

Les nuits où sont signalés les avions ennemis, on est énervé par le claquement bizarre de l'outil. C'est lui qui, le premier de tous, prend la parole.

Et quelle parole! Une parole bégayante, sèche, dure, sinistre, avec des hésitations irrégulières coupées de hoquets. Une parole de colère, qui crache du plomb et du feu, qui répond furieusement aux bombes et s'exerce à dominer le long grondement des canons.

Cet instrument qui fait tressaillir les gens de courage tranquille et commande la galopade aux cœurs des nerveux, cet instrument mystérieux qui agit seulement dans la nuit et que personne parmi nous n'a vu ni ne connaît, les typographes l'ont nommé : le bec-bois.

Le bec-bois, en parler lorrain, c'est l'oiseau appelé pic.

Les paysans qui, au crépuscule, passent sous les arceaux des hautes futaies vosgiennes plus élevées que les voûtes des cathédrales, s'arrêtent parfois à écouter un clac-clac lointain pareil aux coups de hache d'un bûcheron. Ils savent pourtant que dans la région qu'ils traversent il n'y a pas de bûcherons, et, haussant les épaules, disent :

— Ah bon ! c'est le bec-bois.

Le pic, pour faire sortir les insectes des arbres tarés, frappe à coups redoublés de son bec sur les troncs d'arbre, puis vole vivement de l'autre côté pour rattraper les bestioles épouvantées par le bruit. Dans le silence des forêts ce claquement sur les bois morts produit une impression lugubre, augmentée par les ombres du soir et le cri sinistre de l'oiseau solitaire.

Ce sont ces obscures raisons qui ont déterminé les typos à donner le nom de bec-bois à la mitrailleuse ou au canon-revolver qui rompt soudain le calme des ténèbres pour annoncer que la mort plane au-dessus de nous et pour la chasser.

Le claquement du bec-bois, c'est la rapide descente à la cave, la dégringolade de tous les locataires dans l'escalier à peine éclairé par les lampes électriques, l'obligation de s'enfuir où les risques sont le moins nombreux.

Quand on est en sûreté ou qu'on se croit à

l'abri, on sourit comme le paysan qui s'est ressaisi dans la forêt après un coup de surprise et d'émotion.

— Ah bon ! le bec-bois !

Le bec-bois claque seulement lorsque les avions ennemis traversent la ville. Il ne s'embarrasse pas de frapper avant leur arrivée. Les tirs de barrage ne l'intéressent pas. Il est direct. Il vise, autant que l'on peut viser quand le ciel est noir.

Quand on l'entend, on est certain que l'on est sous une avalanche d'explosifs et l'on courbe la tête un peu plus.

Il tâte d'abord — clac ! clac ! clac ! — puis s'arrête. Si le ronron des moteurs donne une indication plus précise, il part avec fureur, à coups pressés, presque aussi pressés que ceux d'une mitrailleuse ordinaire. Comme essoufflé, il halette, fait une longue pause et recommence avec moins d'ardeur.

Si les torpilles descendent sur le sol, écrasant toutes les autres rumeurs d'une rumeur plus fracassante, le bec-bois, en rage, claque et claque et claque furieusement, décidé à ne point laisser d'autres bruits dominer sa voix furieuse.

Dans les caves les familles sursautent, les enfants ouvrent de grands yeux.

— C'est le bec-bois.

Ce nom qu'on a donné à la machine annonciatrice de mort la rend presque sympathique. Il évoque les bois merveilleux où les digitales haussent les rouges violents et jaspés, où les brimbelles montrent leurs petites boules noires au ras du sol, où les branches murmurantes sont traversées par le vol ouaté des oiseaux nocturnes, où les aiguilles des sapins bruissent avec une mélancolique harmonie.

La forêt! La forêt sombre, aux parfums passionnés, aux profondeurs farouches, aux clairières ruisselantes de lumière, aux feuilles d'argent, de pourpre et d'or. La forêt!...

Les enfants oublieux du tonnerre des canons, accablés de sommeil, ferment les paupières et s'endorment parmi le tumulte où craque et claque la machine que nul d'entre nous n'a vue, et dont on ne connaît que le rire strident.

— Le bec-bois... Le bec-bois...

Les enfants vont, en croupe du rêve qui les emporte dans un fantastique galop, vers la forêt, vers la forêt profonde, où le bec-bois pique à grands coups les troncs sonores des arbres morts.

Et les explosions des bombes ne troublent pas l'enchantement de leur songe souriant.

Septembre 1917.

DES FLEURS

— A Nancy, me dit M. Mirman, il ne suffit pas de tenir, il faut encore dans la résistance mettre de la coquetterie.

Notre coquetterie, ce sont les fleurs sur la table, les fleurs dans les salons. Et il est excellent qu'elles surgissent triomphantes dans la splendeur des vases de Mougin.

Lorsque j'ai des invités, de Paris ou d'ailleurs, je me plais à les étonner.

On arrive avec des figures apitoyées. On nous plaint de recevoir des obus et des bombes. On croit que notre résistance est crispée. On veut absolument constater sur nos traits l'angoisse du danger cruel.

On croit que nous manquons de tout, que notre ravitaillement nous est parcimonieusement mesuré par l'autorité militaire, que nous passons nos journées à contempler les ruines des maisons détruites, et nos nuits à trembler dans les caves.

Aussi, le soir, lorsque nos visiteurs s'assoient à une table, ma foi, gentiment garnie, où le pain, s'il est noir, ne manque pas, ni les mets convenables, et qu'ils voient s'épanouir dans les jardinières les bouquets de roses et d'œillets, ils ne savent plus comment exprimer leur surprise.

Ils trouvent qu'on ne saurait être plus élégant et disent :

« Ça, c'est chic ! »

C'est le mot que je recueille avec la plus joyeuse satisfaction.

Parer la résistance, la vouloir toute fleurie, j'estime que c'est un devoir tout à fait français.

Puis, quand on va boire le café et fumer des cigarettes, on admire encore des fleurs et des fleurs dans les obus de 77, de 105, de 150. Et ces engins de mort donnent à l'orgueil des roses, à la fierté des œillets une vie plus merveilleuse, une plus éclatante harmonie.

Il me plaît que lorsque mes visiteurs, revenus chez eux à l'arrière, parleront de Nancy, ils ne disent pas seulement :

« Nous avons vu des immeubles dévastés, des rues ravagées, des quartiers désolés. »

Il est nécessaire qu'ils disent aussi :

« A Nancy ! Mais à Nancy nous avons dîné parmi l'éclat et le parfum des fleurs. Et si nous avons entendu le grondement du canon et l'explosion des bombes, nous avons savouré en même temps l'esprit des anecdotes plaisantes dans la fumée blonde des cigarettes. »

Il leur est encore permis d'ajouter :

« Et même nous avons mangé parfaitement. »

Voilà pourquoi, me dit M. Mirman avec un sourire, je veux, partout, à profusion, des fleurs.

Ai-je raison, et cela n'est-il pas joli ?

— Très joli.

Septembre 1917.

AU CIMETIERE

Hier, 17 octobre, à la tombée de la nuit, les Allemands ont jeté huit torpilles sur le cimetière.

Quelle pensée misérable a guidé les aviateurs de ce côté, où ils savaient bien ne trouver que des morts? Pourquoi se sont-ils plu à troubler le repos de ceux qui sont entourés de l'universel respect des hommes civilisés et même des sauvages? Rien que l'instinct d'une destruction macabre ne les attirait là.

Tout aujourd'hui, un douloureux pèlerinage s'est acheminé vers le lieu funèbre.

Les tombes sont bouleversées jusqu'au-dessous du terrain que creusent les fossoyeurs. Des terres ont surgi, qui depuis des siècles n'avaient sans doute vu le jour, et prennent sous le soleil des teintes de sang.

Des chapelles sont dispersées çà et là. Les pierres tombales ont été projetées à de grandes distances, et, en passant, ont fauché les ifs en deuil.

Une bombe qui n'a pas explosé a pénétré sous

un tumulus et montre encore son culot noir, comme si elle ricanait.

Au bord d'un entonnoir une femme cherche vainement la place où reposait son mari, ou peut-être son enfant. Elle se lamente et pousse des gémissements que les charitables passants essaient d'apaiser.

Mais quelles paroles pourraient calmer l'angoisse de ne plus même savoir où sont les restes de celui à qui, aux jours tristes des anniversaires, on apportait des fleurs et des souvenirs ?

Une autre femme contemple le hideux spectacle des sépultures violées et se tait. Subitement, elle songe qu'elle aussi a un peu plus loin quelques-uns des siens. Elle se retourne dans un sursaut de mémoire.

— Oh ! fait-elle avec un long sanglot, notre monument !

Elle court à toutes jambes, et, le mouchoir aux yeux, s'affaisse devant la chère tombe, sans oser un regard.

— Madame, mais il n'a rien, votre monument. Voyez.

En effet, pour garer la sépulture contre les injures des bombardements, on l'avait entourée d'un échafaudage empli de sable comme on a fait pour les œuvres d'art dans toute la ville.

La femme regarde et sourit. Les planches se sont disjointes, le sable s'est répandu sur le sol, et une statue se dresse, intacte et pure, penchant vers les morts sa main de pierre en un geste de pitié.

— Elle n'a pas un éclat, dit-on.

A quelques mètres, une torpille a creusé un immense trou, dans lequel on n'ose regarder.

La foule n'a pas d'exclamations violentes. Elle est triste, d'une tristesse farouche. Aucune horreur ne l'avait jusqu'ici oppressée autant que celle-là.

On comprenait, — c'est la guerre, — les bombardements par pièces à longue portée, les raids d'avions, les dévastations, les destructions d'immeubles. Tout maintenant paraît supportable. Mais cette profanation, nul ne la comprend, nul ne l'admet.

Un territorial emporte un reste de torpille, toute tordue, avec ses ailettes faussées, et montre glorieusement le terrible trophée.

— Ah! les bandits! murmure-t-on, les dents serrées, sur le seuil du cimetière souillé. Ah! les bandits, les bandits!

18 octobre 1917.

FENÊTRES OUVERTES

Le souffle de la bombe avait ouvert toutes les fenêtres de la maison. Et, comme sans doute il était pressé, il avait brisé les carreaux. Les portes étaient arrachées, les chambranles les avaient accompagnées. Aux murs se dessinaient d'étranges lézardes, qui zigzaguaient avec une diabolique fantaisie.

Les rideaux avaient fait un tour de valse dans les bureaux et les appartements, puis s'étaient posés, en saluant, sur les parquets, comme s'ils avaient esquissé des révérences.

Les tableaux étaient descendus et s'étaient dispersés. On en trouvait sur les lits, sous les armoires, penchés sur les tables de travail.

Les ampoules électriques avaient éclaté avec un petit rire que l'explosion avait étouffé.

Dans les cloisons les éclats de fer s'étaient incrustés.

Pour varier les effets, des balles de mitrailleuse avaient traversé les persiennes en fer, avaient ricoché contre les montants, avaient fait des trous dans les portes, en passant au delà des carreaux qui restaient, s'étaient perdues dans la maison.

Je constate avec un calme souriant que si j'avais été assis à ma place, à ma table, j'aurais été percé de cinq ou six balles, que si j'avais essayé de sortir, j'en recevais une en pleine poitrine, et que, si j'avais voulu descendre à la cave, j'étais troué comme une écumoire, car, du haut en bas, la cage de l'escalier est percée de trous de différentes grandeurs.

Cette constatation vaut bien, me semble-t-il, le sourire ironique que je lui consacre. Il est des circonstances où rien en apparence ne peut vous sauver, et cependant on n'est pas tué. Je ne suis pas tué ni blessé. C'est bon.

Mais comment allons-nous faire pour travailler dans ce tourbillon de courants d'air ? Il ne fait pas chaud. On va se geler. Les machines sont couvertes de plâtras et de débris. Le craquement du verre sur lequel on marche fait grincer les dents. On ne peut rien toucher sans avoir le sang au bout des doigts.

Tout ça ne fait pas question : il faut que le journal paraisse.

Et l'heure venue, les ouvriers poussent la porte de fer, d'où la glace a disparu, et s'acheminent vers l'atelier, sous la menace des grandes pièces de verre en un inconstant équilibre au-dessus d'eux comme des couperets.

Ils regardent cela avec une lueur d'inquiétude

dans les yeux, haussent les épaules et s'assoient devant les linotypes pendant que Gy, avec des gestes de chat qui s'échaude, enlève de tout petits triangles horriblement coupants insérés entre les lignes de la forme.

Les moteurs ronronnent, les bras de linotypes se mettent à gesticuler : la composition est commencée.

Les mécaniciens aussi épouillent la rotative, se piquent et font claquer les doigts.

Dans un coin, Jean Mory, secrétaire de rédaction, le col de son pardessus relevé, met les dépêches en ordre et réfléchit à des combinaisons de titres.

Allons, pour cette fois, les Boches ne nous ont pas eus.

Tout marche bien, sauf que de temps en temps un typo se lève, allume une cigarette, se bat les flancs et tape des pieds en faisant : Brrr !

Le vent souffle de tous côtés comme s'il était chez lui. Vraiment il est chez lui, puisque rien ne l'arrête, et il se plaît à pousser le papier dans les sens les plus divers. C'est une chose infiniment désagréable que le vent d'automne pendant la nuit, quand il pénètre dans les maisons sans fenêtres.

En dînant tout à l'heure, j'ai remarqué que la pluie était au moins aussi indiscrète. Le toit ayant été percé par des éclats de fer, l'eau du ciel passait sans encombre, s'infiltrant par les parquets de l'étage supérieur, et suivant tout doucement la tige de la suspension, tombait, goutte à goutte, puis, en un petit filet, dans le potage. Mon Dieu, que tout cela est ennuyeux !

Et voilà que les machines roulent, avec leur battement régulier et rapide, et que les journaux tombent sous la plieuse, comme s'il n'était rien arrivé de fâcheux tout à l'heure.

Tout ce monde du travail accomplit son œuvre quotidienne avec une impressionnante sérénité.

— Un de plus, disent simplement les typos en sortant. A ce soir.

Et, encouragé par cette tranquille vaillance, je vais me reposer, moi aussi.

Il fait dans ma chambre un froid de loup. Les ouvertures sont bien des ouvertures, puisque rien n'est plus fermé et que les vitres gisent en morceaux sur le parquet, et que les rideaux ont été emportés.

Mais le médecin dit qu'il est excellent de dormir les fenêtres ouvertes.

Après avoir regardé de mon lit les étoiles qui me faisaient des signes lumineux dans le ciel clair, j'ai en effet dormi admirablement.

Octobre 1917.

« *QUIA PULVIS ES...* »

La maison a dégringolé sous l'explosion. La torpille, — la première qui se soit introduite avec cette effrayante violence dans des appartements, — a traversé le toit, les plafonds et a éclaté au rez-de-chaussée.

Il ne reste du bâtiment que des débris enchevêtrés. Les murs ont été pulvérisés. Soufflés, disparus. Il n'y en a plus trace. Des fers coupés nettement, des poutres brisées, des cloisons éventrées, tout cela forme un amas qui s'est posé à même sur le sol et forme une espèce de tas pas très haut.

On se demande vraiment ce que sont devenues les pierres de taille qui étaient en façade et ce qu'est devenue la façade elle-même.

La maison était inhabitée. Les locataires, s'ils n'avaient pas déménagé à temps, auraient été volatilisés.

Il fait froid. Il pleut. La rue est boueuse, sale.

Devant la catastrophe les curieux se sont arrêtés.

Ils ne disent rien. Ils regardent. Ils réfléchissent. Que peuvent-ils bien penser?

Pendant que je cause avec le maire et un architecte, quelqu'un bourdonne, non point à mon oreille, à mon cerveau, la phrase des Cendres :

Memento quia pulvis es...

Eh! je le sais bien que nous ne sommes que poussière et que nous redeviendrons poussière. Je ne l'avais jamais compris avec autant d'intensité que devant la première maison détruite par une torpille.

Évidemment, si j'avais été là, je serais actuellement poussière. Et demain peut-être, si le temps est beau, je serai redevenu poussière.

En attendant on vit, on continue à vivre.

La maison était belle et solide. L'architecte qui l'avait bâtie l'avait construite pour lui. Il en avait amoureusement cherché la forme, qui n'était point banale. Il l'avait ornée originalement. Quand on passait là, on se retournait, on regardait. Les uns louaient la recherche du nouveau, les autres blâmaient l'abandon de la ligne classique; enfin, la construction n'était pas indifférente.

Aujourd'hui, ce n'est plus qu'un monticule de matériaux détruits.

Tout ce qui attirait les yeux, la courbe des balcons, la hardiesse des balustrades et des grilles, la ligne, la forme, pfft! tout cela est disparu, envolé. On a peine à en rassembler le souvenir.

Quand cela nous adviendra-t-il? ce soir? à la fin de la semaine? du mois? de l'année? dans trois secondes? Qui sait?

... *Et in pulverem reverteris.*

Des gens, après avoir consacré quelques instants à la stupeur, retrouvent l'adorable faculté de raisonnement.

— C'est pire que les 380. La grosse pièce fait bien sûr moins de ravages. Il n'y avait pas encore dans tout Nancy une maison aussi radicalement détruite. Ah! nous en aurons vu, des choses! Et pas des belles, non!

Autrefois, avec les bombes d'avion, pas trop de danger. Cela traversait le toit, un plafond, deux plafonds. Aux étages inférieurs on était à peu près tranquille.

Et même quand la grosse Bertha nous envoyait des poubelles d'explosifs, on était en sûreté, ou presque, dans la cave.

La cave! Qui sait si elle a été défoncée? On ne peut pas voir. Qu'est-ce que nous allons faire, à présent, pour nous garer?

Il se trouve toujours quelqu'un pour répondre :

— Bah! nous verrons bien. Nous sommes là pour voir.

Puis des silences longs. Des gens s'en vont. D'autres viennent.

Il est certain qu'on ne pèse pas lourd dans la balance du destin. C'est le hasard qui guide la torpille. C'est la fatalité qui vous fait sauter. Un choc, et on a disparu.

Memento quia pulvis es...

Non point, on n'est même pas poussière quand on se trouve dans une maison comme celle-là. On devient une espèce de gaz qui se mêle à l'atmosphère et que le vent chasse en peu de minutes aux quatre coins du ciel où est passé l'avion ennemi.

Mon Dieu, qu'on est peu de chose ! Et comme on comprend le fatalisme du soldat ! On n'est rien, à la vérité, rien du tout.

Il pleut toujours. Les parapluies ruissellent ; les souliers sont détrempés ; les vêtements sentent le chien mouillé.

Quelques-uns regardent en l'air, et, avec un sourire, disent :

— Ça ne fait rien. On n'aura pas les Boches ce soir.

Oui, ce soir. Mais demain, mais les autres jours, les autres nuits ?...

Poussière. Poussière à cette heure. Et puis boue. Cette maison ne sera bientôt qu'un sale paquet de boue.

Et puis, moi aussi, peut-être. Et puis aussi certaines personnes qui sont là, en train de regarder, de songer.

Un autre quelqu'un qui est l'homme d'action, répondant à l'homme d'impression, lesquels sont mes deux moi-même, me gourmande avec une cordiale vigueur :

— Assez de sentiment ! Assez d'histoires de poussière ! Puisque l'ennemi détruit, va créer. Rêveur, au travail !

Et cet autre moi-même ajoute railleusement :

— Et le sourire, n'est-ce pas ? Le sourire !

Octobre 1917.

TRAIN DE NUIT

Nous venons de dépasser Châlons-sur-Marne. Le train glisse sur les rails, à toute vitesse.

Dans la campagne obscure et frissonnante, des points lumineux signalent quelque village et disparaissent promptement au creux d'un pli de terrain.

Aux passages à niveau la locomotive siffle, et son sifflement a quelque chose de lugubre.

Tout à l'heure, un employé de la Compagnie de l'Est a éteint toutes les lumières. On ne voit plus, lorsque le convoi tourne comme un serpent, que les flammes de la chaudière qui projettent leur lueur rouge sur les nuages bas.

Les signaux éclairés disparaissent dès que vus.

Le visage appuyé à la glace, j'ouvre les yeux tant que je peux, essayant de percer le silencieux mystère dont nous sommes enveloppés. Je ne reconnais rien des contrées que nous traversons.

Les gares fuient, et on ne les aperçoit que lorsqu'elles sont derrière nous, et on ne sait point comment elles se nomment.

Des coups sourds nous parviennent. On cherche à savoir si ce sont des coups de canon sur le front, ou plus simplement des heurts de portières mal fermées.

Un long sifflet qui ressemble à un cri d'angoisse, et le train ralentit et s'arrête, tapi entre deux talus.

Le mécanicien et le chauffeur ont exécuté une manœuvre que je ne comprends pas. La cheminée ne lance plus d'escarbilles, le foyer de la locomotive est noir, on n'entend même plus le halètement de la vapeur.

Tout est ombre et silence.

Qu'est-ce qu'il y a?

Personne ne sort des compartiments pour s'informer. Les voyageurs dorment ou ne sont vraiment pas curieux.

On entend maintenant très distinctement les coups que tout à l'heure je n'avais pu préciser. C'est bien le canon. On dirait même que le bruit se rapproche.

Je cours à l'autre côté du train.

Ah! Au loin, pas très loin cependant, les crêtes s'éclairent d'étranges lueurs. On distingue des arbres, des maisons sur les côtes, de grands carrés de champs. Les fusées illuminent l'horizon. Nos soldats veillent par là.

Mais point du tout, ce n'est pas le front. Voici des lueurs rapides dans le ciel, et des explosions. Les projecteurs ont découvert des avions, et nos artilleurs essaient de les arrêter.

Notre convoi ne bouge pas. Il a l'air de se pelotonner au creux de la voie, de se faire plus obscur, plus petit.

C'est que, plusieurs fois, les avions ennemis ont bombardé des trains, et, les découvrant en rase campagne, les ont mitraillés. Cette chose-là, je ne l'ai point encore vue, et je balance entre le désir de cette émotion et la crainte de n'en pas revenir.

Le spectacle est magnifique. Les lueurs des obus explosifs viennent vers nous. Les ennemis doivent chercher la voie.

Je suis un peu rassuré parce que, aussi loin que je regarde, je ne vois pas de signaux lumineux. Nous ne sommes rien dans la campagne noire. Il faudra que le Boche ait de bons yeux pour nous deviner.

Il est vrai qu'il a des fusées. Mais se hasardera-t-il à en jeter? Il s'exposerait à être repéré trop exactement.

Non, il passera sans nous voir. Ou ils passeront, s'ils sont plusieurs.

Les canons se sont tus. Ils n'entendent plus les avions et se contentent, par longs intervalles, de sonder la noire profondeur du ciel avec quelques obus fusants.

J'entends les ronrons des moteurs. Ils font : broum! broum! broum! avec lenteur, comme s'ils se reposaient après une course épuisante ou comme s'ils nous cherchaient avec attention.

Et je me rappelle les centaines d'histoires que l'on raconte dans les zones visitées par les

« Taube », les « Aviatik » et les « Gotha », et où on parle de trains coupés par le milieu, de wagons écrasés, de voitures en flammes, de blessés par centaines, de morts innombrables. Oui, tout cela me revient, toutes ces histoires.

J'ai l'impression que je suis le seul voyageur de ce train. On n'entend pas une conversation, pas une parole, pas un soupir. On ne voit personne, personne.

Il est vrai que la nuit est tellement noire en bas. Dans le couloir je serais incapable de distinguer un compagnon à deux pas de moi.

Les avions ronronnent toujours. Gare là-dessous !

Non. La chanson de leurs moteurs est moins bruyante. L'ennemi ne nous a pas vus.

Il passe. Il est passé.

On attend cinq minutes, dix.

Le train est secoué par un long frisson. Des ombres circulent aux flancs du convoi. On échange des mots, tout bas.

Le foyer de la locomotive se met à rougeoyer. Les pulsations de la vapeur reprennent normalement. La machine laisse fuser un prodigieux soupir qui s'attarde.

Un sifflet strident. Puis, plouf! plouf! nous revoilà en marche dans la nuit. Nous filons comme l'éclair.

Les avions sont partis qui sait où ?

Novembre 1917.

MAISONS BLESSÉES
MAISONS AVEUGLES
MAISONS MORTES

Je viens de faire un tour dans les quartiers récemment éprouvés. Les maisons ont d'étranges aspects.

En voici une dont la façade a disparu. Les planchers ont dégringolé. Des cloisons cependant restent suspendues, tâchent de garder une sorte d'équilibre, mais ont l'air de tituber.

Des cheminées se sont cramponnées au mur, soutenant la garniture traditionnelle, pendule à sujet et candélabres.

Les glaces reflètent ce sombre désastre. Des assiettes décoratives de Lunéville ou d'Alsace signalent que là fut une salle à manger.

Des rideaux flottent sous un ciel de lit. Tout ce qui était au-dessous a disparu. Dans un coin, sur un bout de plancher qui a résisté, un berceau gît, chaviré.

Certaines maisons qui menacent ruine et qui allaient se répandre dans la rue ont été rapidement étançonnées. Elles s'appuient tristement sur leurs poutres comme des blessés sur des béquilles.

A d'autres maisons les portes furent arrachées, les fenêtres enfoncées ou brisées. On a fermé portes et fenêtres avec des planches en hâte rassemblées et clouées.

Derrière ces clôtures on devine la surprise d'un bouleversement atroce. Peut-être y a-t-il à l'intérieur plus de dégâts que n'en montrent les immeubles largement ouverts et qui étalent leurs plaies.

On songe aux foyers détruits, aux meubles brisés, au départ des familles qui ont tiré sur eux la porte en quittant le nid des enfants.

Les misères intérieures sont plus impressionnantes que celles qui se dévoilent à nu. Là-dessus il pleut, il neige. L'armature se désagrège. Lorsqu'on reviendra, que trouvera-t-on? de la boue peut-être, et des pierres calcinées.

Ces maisons sont des aveugles que ronge un mal intérieur, un mal que l'on ne peut même songer à guérir.

Et voici des amas de moellons, de poutres, de plâtras. Ce sont les maisons mortes.

La bombe a pénétré par le toit, traversé les étages, éclaté au rez-de-chaussée. Les murs ont été pulvérisés par l'explosion.

Qui croirait qu'il faut si peu de chose pour

abriter tant et tant de personnes, dont la vie s'attachait à ce qui était réuni là par des générations qui se sont aimées ?

On dirait à peine une pincée de cendres.

La destruction est totale, sans rémission. Plus rien de cela ne servira jamais à rien. Quel farouche génie pousse l'homme à ce néant, à cet écrasement, à cette innombrable et méticuleuse dispersion ? Que de formidables efforts pour supprimer en un centième de seconde ces choses auxquelles s'est appliqué le travail obstiné de nos pères et de nous-mêmes pendant des années et des années !

Je rentre dans les parties de la ville où les démolitions sont moins féroces. Le mouvement y est pressé, le travail entraînant et joyeux.

Aucun des hommes qui se hâtent n'a le temps de songer à demain. C'est aujourd'hui seul qui compte.

Et moi aussi, dans cette vie prodigieusement tenace, sans cesse renaissante, j'oublie les maisons blessées, les maisons aveugles, les maisons mortes.

Novembre 1917.

LA MARCHE DE LOHENGRIN

Raoul Davray était, avant la guerre, critique musical. Il est parti comme soldat de 2ᵉ classe en 1914 et a brillamment conquis le grade de caporal.

Il cantonnait dans un coin de Lorraine, et, prenant son temps en patience, ne trouvait cependant dans le petit village où séjournait son escouade que des distractions modérées.

Un jour, il m'écrivit :

— A-t-on chez vous possibilité de chasser le cafard par le moyen d'un spectacle comprenant un peu de musique?

Il ne fallait pas songer au théâtre : le guignol de la salle Poirel est fermé. Pas davantage aux concerts civils ou militaires à la Pépinière. L'autorité ne supporte pas de trop nombreux rassemblements sur les places publiques ou dans les jardins municipaux, parce que le danger est trop grand, en cas de bombardement, pour les foules réunies en un seul lieu.

Les cinémas seuls sont admis à agglomérer la

population : il faut croire que les obus et les bombes respectent spécialement les spectateurs cinématographiques ou que ces spectateurs sont particulièrement invulnérables. Le fait est que les établissements où se déroulent les films ne désemplissent pas.

Justement, ce dimanche, une pièce était jouée, qui avait fait courir tout Paris, et la direction annonçait qu'un orchestre, par exception, accompagnerait les scènes. Je résolus donc de satisfaire mon ami en lui offrant le plaisir de voir une belle représentation et la joie d'entendre des instruments à cordes et à vent.

Davray arriva vers midi. Il était très abondamment et assez mal vêtu.

— Vous me regardez, me dit-il de sa voix lente et mélancolique, et vous vous étonnez. Oui, j'ai depuis longtemps déposé au vestiaire civil tout souci d'élégance. Je suis tellement loin des choses de la vie normale ! Mon cerveau est en béton aggloméré, et mes seules pensées, les plus fortes, vont vers le manger et le dormir. En dehors de quoi il me semble vaguement qu'autrefois il y a eu quelque chose et que maintenant il n'y a plus rien.

— Pourtant, votre désir de voir un spectacle et d'entendre de la musique... ?

— C'est vrai. Le vieil homme n'est donc ni mort ni enterré.

— Je ne vous certifie pas, m'excusai-je, que la

musique du cinéma soit d'une magnificence émouvante, ni que l'orchestre produise des œuvres admirables. Vous serez obligé de vous contenter à peu de frais. C'est la guerre.

— Oh! mon cher ami, fit Davray, j'ai pris des goûts modestes. La moindre mouture musicale comblera mes vœux.

Après déjeuner on entra dans le noir du cinéma. Le film déjà se déroulait, somptueux, montrant la Jérusalem antique, ressuscitant les légendes dans lesquelles, mieux qu'en un berceau, se complaisait notre enfance lointaine.

Et les yeux de Davray furent aussitôt pris par le mouvant spectacle qui donnait une vie réelle aux rêves merveilleux d'autrefois.

L'orchestre s'agitait sous la clarté restreinte des abat-jour.

— Mais, mais, dit Davray, je reconnais cela.

Il prit le programme et essaya de lire à la lumière de sa lampe électrique.

— Éteignez! éteignez! cria-t-on tout autour de nous.

Davray éteignit.

— Je sais maintenant. Je me souviens. C'est du Bach.

— Comment! un Boche!

— Oui, un Boche.

Le spectacle continuait sans interruption. Les scènes tragiques suscitaient la plus noble émotion.

— Encore ! s'exclama mon ami. Ce n'est pas possible. Dans une ville bombardée ! Dans une cité près du front ! Folie, folie pure.

— Quoi, qu'est-ce qu'il y a ?

— Vous n'entendez donc pas ?

— Si, très bien : c'est du Beethoven.

— Je ne comprends pas.

— Eh bien ! quoi, Beethoven ?

— Mais Beethoven était Boche ; comme Bach.

— Sa musique ne vous plaît pas ?

— Elle me ravit, sa musique. Elle me transporte. Elle me fait penser. Moi, je suis soldat ; j'ai le droit d'écouter la musique qui m'est agréable sans être soupçonné d'antipatriotisme. Mais tous ces civils qui sont là ? Ils vont être considérés comme des traîtres.

— Ne vous bouleversez pas ainsi, mon cher ami. Les civils savent parfaitement que si les obus allemands, si les bombes allemandes sont d'une harmonie discordante, si les guerriers allemands sont d'odieux barbares, cela n'empêche Beethoven et Bach d'être de grands musiciens, dont les œuvres n'appartiennent pas à l'Allemagne, mais à l'univers entier. Ils détestent la mauvaise musique et adorent la bonne, sans trop se préoccuper d'où elle vient.

— Ça, je vous assure, c'est plus fort que tout ce que j'ai vu et entendu dans ma vie. Songez donc que le public de l'intérieur sifflerait toute cette musique, briserait la salle où on oserait la jouer. Les plus grands esprits sont aujourd'hui possédés par la haine de toute œuvre noble, venue jadis de plus loin que la ligne où sont présentement les tranchées, même quand cette œuvre est née depuis des siècles et des siècles. Il faut donc être dans une ville du front pour trouver une plus haute et plus subtile intelligence de l'art humain, lequel n'a pas de patrie !

Je m'inclinai avec une feinte humilité pour l'hommage rendu à mes compatriotes.

Davray était radieux. A cette heure il était redevenu un homme qu'intéressent infiniment moins le manger et le dormir, et qui admet d'autres satisfactions.

—Chut ! chut ! faisait-on tout près de nous.

Nous regardions la mère douloureuse au pied de l'Homme Dieu crucifié. Puis, ce fut la Résurrection, et les Langues de feu, et l'Ascension.

— Oh ! fit longuement Davray, vraiment suffoqué, cette fois.

— Qu'est-ce que vous avez ?

— Écoutez.

— J'entends bien : la *Marche de Lohengrin*.

— De *Lohengrin !*

— Oui.

— Par...

— Chut ! Regardez le programme.

Le caporal Davray vit, en dépliant le papier,

que l'auteur de la *Marche de Lohengrin* était un musicien pudiquement inconnu.

Le programme portait :

Marche de Lohengrin... par X...

Décembre 1917.

LA CHANSON

DE LA · SENTINELLE

Toute la nuit, le soldat du poste a chanté.

Il avait une voix très douce, et on eût dit qu'il parlait à ses souvenirs. A chaque fois qu'était terminée sa romance, après un bien court repos il trouvait dans sa mémoire une autre chanson.

Le ciel était clair. Les avions ronronnaient doucement. Au loin la canonnade s'assourdissait comme en un accompagnement bourdonnant.

Cela était tellement prenant, si passionnément intime que je me levai de mon lit pour voir celui qui répandait ses regrets d'amant dans le calme de la ville endormie.

A travers l'ombre on ne pouvait distinguer le chanteur. La ligne des toits seulement se dessinait, et rien dans la rue ne bougeait.

Cependant, la voix montait, mélancolique, avec des inflexions d'une émouvante tristesse.

Le soldat s'abandonnait au courant de sa rêverie, s'y berçait comme sur un flot languissant. La

chanson avait des remous. Je ne sais pourquoi je
songeais aux barcarolles entendues en mer aux
heures crépusculaires, quand l'ombre enveloppe de
mystère et d'infini les hommes et les choses.

Il évoquait harmonieusement les paysages en-
trevus et retrouvait les êtres chers devant lesquels
il avait chanté aux temps de paix.

Il revoyait son village et les délicieuses soirées
du temps où la paix fleurissait, et sa fiancée, et
ses vieux parents, et tout ce qu'il avait abandonné,
tout cela qu'il regardait peut-être autrefois avec un
petit air ironique et qui aujourd'hui lui apparaissait comme l'irréalisable et suprême bonheur.

Il rêvait en chantant, tandis que ses camarades
rêvaient en dormant. Il poursuivait sa pensée.

Ce qu'il chantait? Je n'entendais point les
paroles, qui eussent été sans doute décevantes et
banales. Je ne percevais que la jeunesse de la
voix, le sentiment dans lequel elle était conduite,
l'art ignoré qui s'y développait librement, la ten-
dresse des longues modulations.

Le soldat chantait dans la nuit comme la cigale
chante sous le soleil ardent. Il vibrait à l'unisson de
toute la mélancolie où le plongeait la guerre.

Mais il n'était certainement pas question de
batailles dans ses chansons. Les airs n'étaient point
guerriers. Ils avaient le balancement des berceaux
et des frondaisons. On y parlait — je le devinais —
de fleurs et d'enfants, de jeunes femmes, de vieil-

lards. On y glorifiait la nature et la famille, toutes ces choses que la raillerie fanfaronne des époques pacifiques feint de dédaigner comme sottement sentimentales.

De vrai, cette obscurité où s'exaltait la chanson de la sentinelle faisait une sorte de décor théâtral. Mais on ne percevait point le décor, car la sentinelle était un vrai soldat qui demain repartirait pour les tranchées, et les canons qui grondaient là-bas étaient de vrais canons qui à chaque minute blessaient et tuaient de notre chair.

Et cette pensée faisait plus triste l'harmonieuse mélancolie de l'homme qui, oubliant la guerre, jetait à la nuit et au silence la résignation de sa plainte.

Frissonnant, j'avais fermé ma fenêtre et m'étais recouché.

La chanson ne s'éteignait pas. Elle me venait tamisée, admirablement nette pourtant. Elle m'accompagna jusqu'au sommeil, à l'heure où la lueur trouble du matin filtrait avec elle à travers les volets.

Novembre 1917.

VILLE DE NANCY

AVERTISSEMENTS

EN CAS DE

BOMBARDEMENT

La température ne permettant plus de tenir ouvertes les fenêtres des appartements, il en résulte que, principalement pendant la nuit, la sonnerie du tocsin est insuffisante pour prévenir les habitants du danger dont les menacent les aviateurs ennemis.

Aussi, d'accord avec l'Autorité militaire, l'Administration municipale a-t-elle pensé qu'il convenait d'actionner les sirènes en même temps que le tocsin, et d'utiliser ce double signal dès la chute du jour, c'est-à-dire à partir du moment où l'obscurité favorise les incursions aériennes.

En conséquence, le Maire a l'honneur d'informer ses concitoyens que, par suite de l'adoption de cette mesure, les divers modes d'avertissements suivants seront employés à dater du lundi 5 novembre courant :

I. — Pendant le jour

a) Bombardement par canon ou par dirigeable :

Sirène et Tocsin

b) Bombardement par avion :

Tocsin seul

II. — Dès la chute du jour et pendant la nuit, quelle que soit la nature du bombardement *(par canon, dirigeable ou avion)* :

Sirène et Tocsin

NOTA. — Le signal de « fin du danger » restera le même que précédemment.

Nancy, le 3 Novembre 1917.

Le Maire,

G. SIMON.

AINSI VA LA VIE

Il est des heures où Nancy est déserte, morne, désolée. Ce sont les heures auxquelles tout le monde est au travail.

Il semble que personne n'ose se hasarder par les rues, non point par crainte des avions, mais pour que ne soit pas troublée la solitude de la cité meurtrie.

Certains quartiers sont complètement abandonnés, sur lesquels s'acharnèrent les tirs effroyables de janvier 1916.

Les maisons sont fermées. Les persiennes sont tirées, derrière lesquelles s'effritent peu à peu sous le soleil, sous la pluie, sous la neige, les murs qui ont résisté aux bombardements.

Des entonnoirs sont à demi comblés, devant les demeures éventrées qui montrent leur pitoyable misère.

Le pas sonne sur les trottoirs, aussi vibrant que sous les voûtes d'une église. Les rares passants se hâtent, afin de ne pas longtemps séjourner dans ces endroits maudits. Ils traversent vivement, sans

VILLE DE NANCY

CONSTRUCTION D'ABRIS

pour la population

VISITE DES CAVES ET SOUS-SOLS
EXÉCUTION DES TRAVAUX

LE MAIRE DE LA VILLE DE NANCY,

Vu l'article 97, § 6, de la loi du 5 avril 1884 ;

Vu l'arrêté de M. le Préfet de Meurthe-et-Moselle, en date du 3 novembre 1917 ;

Attendu qu'en raison des bombardements aériens subis par l'agglomération nancéienne, il importe de construire des abris pour la population ;

Que l'utilisation des caves ou sous-sols, tels qu'ils se comportent ou après exécution de tous travaux reconnus nécessaires, est envisagée ;

Que pour faciliter la préparation des projets, puis l'exécution des travaux, il convient de procéder à la visite des caves d'un certain nombre d'immeubles ;

ARRÊTE :

ARTICLE PREMIER. — Tout propriétaire d'immeubles situés sur le territoire de Nancy, ou à défaut son représentant, est tenu de laisser pénétrer dans les caves ou sous-sols des dits immeubles :

1° Les agents du service municipal des travaux ;

2° Les entrepreneurs, surveillants et ouvriers auxquels seront confiés les travaux projetés.

ARTICLE 2. — Tout propriétaire absent de Nancy, et non représenté dans cette Ville, recevra notification de se conformer à l'article qui précède. Faute par lui de répondre au Maire dans la huitaine qui suivra la date de cette notification, il sera considéré comme refusant d'obtempérer aux prescriptions du présent arrêté.

ARTICLE 3. — Procès-verbal sera dressé contre tout propriétaire qui ne consentira pas à la visite des caves ou sous-sols de ses immeubles, ou s'opposera à l'exécution des travaux.

Il sera procédé ensuite, par toutes voies de droit, à l'ouverture des accès des dits sous-sols ou caves ainsi qu'à l'exécution des travaux.

ARTICLE 4 — Les agents du Service municipal des travaux, préposés à la visite des caves ou sous-sols, ainsi que les entrepreneurs, surveillants et ouvriers chargés de l'exécution des travaux, seront munis d'une carte spéciale d'identité délivrée par le Maire.

ARTICLE 5. — M. le Directeur du Service municipal des travaux et M. le Commissaire central de Police sont chargés, chacun en ce qui le concerne, d'assurer l'exécution du présent arrêté.

Nancy, le 23 Novembre 1917.

Le Maire,

G. SIMON.

doute pour se rendre au travail, et ont dans les yeux une sorte d'anxiété. Ils cherchent les regards des autres, qui passent comme eux, très vite.

Lorsqu'on rencontre un homme, après avoir parcouru le silence impressionnant des rues et avoir longé des façades impénétrables, on a envie de le saluer, de lui serrer la main, comme si on se trouvait devant un vivant dans le royaume des ombres.

La prévoyance humaine a mis à l'abri les œuvres d'art. On a enfermé sous des palissades garnies de sable les admirables fontaines de la place Stanislas, et le groupe de la Lorraine et de l'Alsace sur la place Saint-Jean.

Devant la gare, la statue de Thiers, qui a subi les outrages de la mitraille, se dresse libre de toute protection, bien que le toupet de bronze du Libérateur ait été coupé ras par un éclat. Une femme qui lui tend des palmes, en bas-relief, a le sein troué.

La Pépinière, jardin harmonieux où les habitants de Nancy se plaisaient à faire les cent pas, se défeuille dans l'abandon. Les bêtes seulement mettent un peu d'animation vers les pièces d'eau, sur lesquelles des canards à figure de masque contemplent sans bouger la mélancolie des cigognes perchées sur leurs nids dépeignés.

On va longtemps, longtemps par les rues. On ne voit que la sévère ligne des maisons filant vers les frondaisons des forêts qui font à la ville une couronne de beauté.

Et on se demande vraiment ce qu'est devenue l'animation d'autrefois, cette vie qui se mouvait dans une clarté joyeuse, sous le ciel léger de Lorraine.

La cité semble morte, définitivement morte.

Voici que midi a sonné.

Dès lors, la ville a l'air de ressusciter. De toutes les portes se précipite la joie du travail terminé. Les jeunes filles sortent des magasins, des manufactures, des ateliers, des banques, de tous les immeubles tout à l'heure silencieux.

Elles sont gaies. Elles jettent un coup d'œil au ciel pour voir si quelque avion ennemi ne s'avance pas, et, avec des « adieu » et des « au revoir » coquets et souriants, se séparent, se rejoignent, font joyeux chemin vers le déjeuner de famille.

Les rues Saint-Jean, Saint-Georges, Saint-Dizier, les places s'emplissent d'une foule pépiante, qui s'amuse de tout et rentre vivement, car la besogne recommence à 1ʰ 3o.

C'est maintenant, pour quelques minutes, la cité heureuse d'avant la guerre, avec cette différence toutefois que les femmes et les jeunes filles sont plus nombreuses que les hommes, parce que, vaillantes, elles ont remplacé les pères, les époux, les fiancés partis à la guerre.

Les tramways sont plus que pleins. Des grappes humaines sont accrochées sur les marchepieds, ne trouvant pas de place à l'intérieur.

Le mouvement s'apaise encore pendant le déjeuner.

Il reprend avec une vivacité nouvelle pour la rentrée des magasins.

A 2 heures, tout le monde est à l'ouvrage. La ville redevient silencieuse, retrouve sa morne physionomie du matin.

Il n'est resté à Nancy que la population de travail. Les oisifs, les rentiers, et ceux dont le commerce a été détruit par les obus et les bombes sont allés ailleurs. On trouve des Lorrains en sûreté à Charmes, à Mirecourt, à Dijon, à Lyon, à Paris, à Nice, à Orléans, dispersés par toute la France, écrivant fréquemment à leurs amis de Nancy, implorant des nouvelles, avides de savoir, soucieux du présent et de l'avenir, toujours tremblants pour les affections qu'ils ont laissées et aussi pour les maisons et les meubles abandonnés.

Qui rôde par la ville à ces heures de labeur n'a point à qui parler. Un groupe de trois personnes sur la chaussée apparaît comme une chose invraisemblable.

Dans les cafés, sauf en certains établissements du centre, les garçons sommeillent sur les banquettes, près des bouches de chaleur, lisant et relisant les journaux, attendant avec des attitudes lassées le consommateur qui ne s'empresse pas.

Parfois à une table parlent bas des joueurs de bésigue ou de piquet.

La caissière compte les morceaux de sucre, objets de luxe, et se désespère de n'avoir pas d'autre occupation qu'une broderie éternelle.

Dehors, c'est pire. Un ennui énorme pèse aux épaules de l'homme qui n'a rien à faire et n'a point de compagnons de loisir.

La nuit vient, inquiétante. Les rues plongent dans l'ombre, que nulle lumière ne trouble.

A 5 heures, par mesure de prudence, le commerce et l'industrie relâchent les travailleurs.

Les Boches profitent généralement de la chute du jour pour venir sur Nancy. Ils sont arrivés parfois au moment où les volets roulants s'abaissaient sur les magasins, et chacun souhaite être rentré chez soi, où il connaît la cave, où il sera avec la famille et les voisins.

La foule se hâte. On l'entend, on la devine. On ne la voit pas. Les gens se heurtent et se demandent pardon. On bute contre le trottoir, contre les becs de gaz éteints, on tourne les coins un peu brusquement, on se cogne aux angles des maisons.

Un long murmure accompagne ce mouvement de l'ombre, pas très haut.

De temps en temps on est aveuglé par le jet éblouissant d'une petite lampe électrique. Les points rouges qui indiquent les caves où l'on peut se réfugier piquent le noir de-ci de-là.

— Oh! ce soir, il n'y aura pas de Boches. Le ciel est couvert.

— Oui, mais la lune se lève à 9 heures.

— Ça ne fait rien. J'ai une cave voûtée.

— Bon Dieu! quand est-ce qu'on aura terminé les abris?

— Peuh! ça ne servira point. J'aime mieux rester à la maison.

— Vous descendez, vous? Moi, je ne bougeais pas; mais depuis le 16 octobre, fichtre! je me mets en sûreté.

— En sûreté? On n'est en sûreté nulle part.

Les glaces des cafés sont tapissées d'étoffes sombres pour que ne filtre pas la lumière. A peine distingue-t-on sur le ciel la silhouette capricieuse des toits.

Si la nuit est claire, plus vite va-t-on vers la demeure qui offre un refuge matériel et un réconfort moral.

Le brouhaha obscur se prolonge encore un peu quand les étoiles ne brillent point, et s'adoucit, et se perd bientôt dans le silence.

Les cars sont rentrés, étincelants, au dépôt. La ville s'endort d'un sommeil lourd.

Non, elle ne s'est pas endormie. Elle a bien fermé ses paupières, mais elle ne dort pas.

Dans toutes les maisons, les familles sont éveillées. S'il fait beau temps, elles descendent à la cave. Les enfants s'assoupissent sur un matelas.

Les mamans causent à voix basse. Les papas fument la pipe ou la cigarette, échangeant des propos, toujours les mêmes, toujours nouveaux.

— Croyez-vous que nous aurons les Boches, cette nuit?

— Je ne sais pas. Il paraît qu'ils préparent un coup terrible.

— Ah! qu'est-ce qu'il y a?

— On dit qu'ils viendront avec cent avions, qui transportent des milliers de kilos d'explosifs et qu'ils bombarderont la ville à mort.

— Vous croyez ça, vous? S'ils avaient pu le faire, depuis longtemps ce serait fait.

— Vous savez que le ...e corps est revenu?

— Oui. Ça ne prouve rien.

— Ça ne prouve rien? Eh bien, si vous vous imaginez qu'on le déplace pour le plaisir!... Nous aurons prochainement un sale coup, je vous le dis, moi...

— Qu'est-ce que vous voulez? On les arrêtera, voilà tout.

— Évidemment, on les arrêtera. Il n'en est pas moins que nous recevrons quelque chose.

Cette conversation n'est jamais, jamais terminée. Elle est coupée de silences pareils tous les jours, et, les lendemains, reprend sur la même angoisse contre laquelle sans cesse on espère.

L'anxiété est plus vive si nul avion ne s'est présenté depuis longtemps.

— Qu'est-ce qu'ils nous préparent donc? interrogent les nerveux. Au moins, lorsqu'ils bombardent, on sait à quoi s'en tenir; on voit les dégâts au jour levé; on connaît le nombre et les noms des victimes; on repère les quartiers. Mais tant de temps passé sans rien, c'est mauvais présage.

Chacun souhaite que les avions reviennent, que la grosse Bertha tire à nouveau, pour avoir une certitude qui ne dure guère d'ailleurs.

Subitement, le tocsin tinte et la sirène mugit.

— Ah! fait toute la cave dans un immense soupir de soulagement. Enfin!

Un long silence.

— Eh bien! quoi! On se décide?

Le tir de barrage se déclenche, faisant sonner la ville comme un gong prodigieux, multipliant les détonations, emplissant d'un épouvantable fracas les maisons qui tremblent, illuminant le ciel et la terre, et les pavés et les toits.

— Ça, c'est une bombe, fait quelqu'un à propos d'un coup plus proche.

— Mais non, réplique toujours un contradicteur, c'est le canon.

Toute l'attention est maintenant tendue vers le bruit infiniment varié et assourdissant. On voudrait percevoir la différence des éclatements. On n'y parvient pas.

Le tir cesse une minute. Les artilleurs ne voient plus où sont leurs cibles mouvantes. On entend l'énervant ronron des avions. On attend qu'une bombe dégringole.

Une nouvelle rafale de coups de canon déchire l'air; on la devine plus loin : les avions sont passés.

Ont-ils jeté des bombes ? On l'ignore.

Les plus curieux sortent, s'alignent au long des maisons, regardent les brusques lumières que les explosions piquent dans le ciel, hors de la ville.

Ils rentrent pour donner les renseignements.

— Ils sont sur Frouard...

— Tiens! j'aurais supposé qu'ils étaient sur Neuves-Maisons...

— Vous croyez qu'ils reviendront?

— Ah! ça, c'est une autre affaire.

— On va se coucher?

— Mais non, attendons la berloque.

— Oh! la berloque! Je n'ai pas beaucoup de confiance.

— Pourtant...

Les cloches, une demi-heure après, sonnent une sorte de glas : c'est le signal; il n'y a plus de danger.

— Bonsoir! font les plus pressés.

Et ils montent se coucher.

Si l'attaque — et cela arrive souvent — reprend quelques minutes après, ils redescendent avec leurs vêtements sur le bras, en désordre, et sont accueillis par les rires unanimes des prudents qui n'ont pas bougé.

Vers minuit tout s'est apaisé. Les enfants dorment. Les femmes sommeillent, secouées parfois par un petit frisson. Les hommes ronflent sur les chaises.

Au matin froid, on s'ébroue un petit peu, on s'étire.

— Ah! ça ne peut pas nous empêcher de déjeuner!

On rit et on se sépare.

— A ce soir!

— A ce soir!

— C'est la nouvelle lune, hein?

— Sacrés Boches!

Ainsi va la vie d'une ville bombardée.

Janvier 1918.

A CALAIS

Le maître d'hôtel s'approche de nous :

— Messieurs, à quelle heure désirez-vous dîner?

— Vers 7ʰ 3o, 8 heures moins le quart.

— Je vous demande pardon. Mais je crois que si ces messieurs veulent manger tranquillement, ils feront bien de se mettre à table à 7 heures.

— Ah bah !

— Oui. Nous avons eu ce matin un avion boche qui est venu photographier. Chaque fois qu'un appareil ennemi fait des observations au-dessus de la ville pendant la journée, le soir nous avons des bombes.

— Bien. Servez-nous donc à 7 heures.

Nous avions, en effet, constaté dans la matinée la présence d'un aéroplane allemand, mais nous n'en avions pas conclu que nécessairement des camarades bombardiers profiteraient de son exploration.

A 7 heures donc nous étions à table.

— Messieurs, s'excuse en souriant le maître

d'hôtel, on ne peut pas vous servir. La sirène vient de donner l'alarme, quatre coups de canon ont précipité la population dans les caves. Le courant électrique est supprimé et la cuisine se trouve dans l'obscurité. Il faudra que vous attendiez un tout petit peu.

— Bien. On attendra.

En même temps, les garçons apportaient des bougies érigées sur les chandeliers les plus disparates.

— On dirait, dit un lieutenant anglais, un petit souper chez Mme de Pompadour.

Les cuisiniers cependant s'éclairaient par les mêmes moyens de fortune, et l'on parvenait enfin à nous procurer quelques mets.

Bien que la canonnade scandât avec persistance le bruit léger de notre conversation, on était fort joyeux. Rien n'excite les nerfs comme l'attente mouvementée d'un événement dont l'allure générale est connue, mais qui donne toujours des détails imprévus.

Le dessert était servi quand de nouveaux coups de sirène nous avisaient d'une seconde alerte.

Les bombes tombaient. Les officiers et les civils continuaient paisiblement à dîner.

Par minutes un silence coupait les hoquets furieux des explosions. Et à ce moment on avait la sensation très nette que le ton des paroles échangées baissait : ce n'étaient plus que des murmures.

— Le café, commanda-t-on.

Mais le lieutenant brusquement s'inclinait, et je levais les épaules en courbant le dos. Nous avions entendu le vrombissement miaulant d'une torpille.

— Celle-là est pour nous.

Elle n'était pas pour nous. Dans le formidable éclatement les glaces de l'hôtel dégringolaient avec ce bruit cliquetant que l'on a tant de fois entendu. Notre table était couverte de débris. Les rideaux intérieurs des baies s'agitaient comme des drapeaux sous la tempête.

Quelques dîneurs s'étant informés de la situation de la cave, il leur fut objecté que, la bombe tombée, il n'y avait plus de danger. Ce qui, à la réflexion, était un étrange sophisme, puisque rien ne certifiait que la torpille explosée non loin de nous fût la dernière.

Un garçon, dont les pas feutrés de pantoufles faisaient quand même crisser le verre, nous annonça qu'il était tombé sur la ville de vingt à vingt-cinq bombes.

— Et celle-ci?

— Elle a éclaté à une cinquantaine de mètres, sur un talus.

— Des dégâts?

— Beaucoup. Mais du verre seulement. Sur cette partie de l'établissement il ne reste ni un carreau ni une glace.

— Bien. Apportez donc le café.

Il nous fut répondu que la cuisine était dans un état lamentable et que tout le monde s'occupait à débarrasser.

— Entrez au salon. Ici, vous êtes trop en danger.

Deux officiers n'avaient pas abandonné leur partie de cartes et continuaient à jouer exactement comme s'il ne s'était rien passé.

Nous n'eûmes point de café, et on dut se contenter de fumer quelques cigarettes.

La première chose à faire évidemment était de sortir pour examiner l'entonnoir.

Les trottoirs craquaient, couverts d'une couche de verre brisé.

— Par ici.

Le trou creusé par l'explosion apparaissait noir dans la nuit claire. On calcula qu'il avait une dizaine de mètres de diamètre. Déjà des hommes et des femmes grouillaient au long des parois, s'éclairant de petites lampes électriques, fouillant dans la terre pour trouver des morceaux de ferraille.

La bombe était tombée sur le flanc d'un talus, et nous en avions reçu tout le vent.

On regarde l'entonnoir, on se serre la main, on échange un sourire ; puis, lentement, on va se coucher.

Avant que m'abatte le sommeil j'entends une voix forte qui téléphone les détails du raid. Ainsi j'apprends, sans bouger de mon lit, tout ce qui est arrivé. Dans une demi-torpeur je proteste.

— L'animal ! Il pourrait bien crier moins fort. On dirait qu'il est dans ma chambre.

La fatigue me gagne et je perds connaissance dans le courant chaud des rêves.

Un sursaut presque aussitôt. La canonnade a repris avec acharnement. Les éclatements ont l'air de déchirer la toiture.

Je m'ébroue et, en chemise, je vais regarder si vraiment les avions sont près de nous. J'ouvre le lourd rideau de velours rouge. Alors je m'aperçois que la double fenêtre a été démolie, et je m'explique que la voix du téléphoniste me soit parvenue avec une énergie non tamisée.

Et comme j'ai marché pieds nus sur le verre brisé, je me suis légèrement blessé.

La nuit est jolie, les lueurs du tir de barrage font des dessins étincelants au-dessus de l'hôtel. Allons, il faut s'habiller et descendre.

La cave est divisée en deux. Une partie est voûtée. On laisse galamment aux dames cet abri plus sûr.

L'autre partie est occupée par les hommes.

Je serre la main à mon ami lieutenant qui, en pyjama, est installé dans un transat, et caresse sur ses genoux un beau chat noir ; à M. le député Ballande, qui reprend sur une chaise son sommeil interrompu ; à mon confrère Pagès, du *Télégramme*,

qui réfléchit dans une guérite de plage ; à Hangard,
de la *Dépêche de Rouen,* qui est enchanté de sa
journée. Et j'allume une cigarette pendant que les
officiers anglais échangent des plaisanteries et
montrent en un rire enfantin la blanche splendeur
de leurs dents.

Une demi-heure après tout s'est apaisé. Nouveau
shake-hand, souhaits de bonne nuit.

On nous dit que les avions qui ont causé la dernière alerte revenaient d'Angleterre.

C'est la vie de Calais.

Calais, 26 janvier 1918.

DUNKERQUE HÉROÏQUE

Contre la grande porte de l'Hôtel de Ville des ouvriers entassent des sacs à terre. Ils essaient ainsi de préserver l'admirable monument contre la fureur des bombardements.

Par les escaliers immenses, à travers de grandioses couloirs où les pas sonnent étrangement à vide, on parvient à une salle spacieuse où sont réunis les services du secrétariat.

— M. Henri Terquem ?

Une jeune employée me désigne un commandant de chasseurs qui, joliment moulé dans son uniforme sombre, le geste, la parole et les yeux vifs, donne des renseignements à un citoyen.

M. Terquem me reçoit tout de suite avec une sympathie affectueuse.

— Ne croyez pas que la fraternité qui unit dans le malheur Nancy et Dunkerque soit la seule raison pour laquelle j'aime Nancy.

Je suis Lorrain d'origine, mes parents sont de Metz, et j'ai conservé des attaches profondes et puissantes en Lorraine.

Tout de suite on parle des bombardements, des

difficultés qui augmentent pour maintenir dans une cité si terriblement éprouvée la vie économique, et des moyens pratiqués pour préserver les vaillantes populations.

— J'ai été, je l'avoue, bien étonné lorsque M. Painlevé me téléphona que Dunkerque était citée à l'ordre de l'armée. Je ne croyais vraiment pas que mes compatriotes et moi eussions fait plus que notre devoir. Nous trouvons en effet si naturel de tenir, que l'idée d'en être récompensé n'était venue à personne.

Toutefois, quand j'ai eu fait imprimer des cartes postales où les armes de Dunkerque portaient la Croix de guerre et la citation de 1917, je me suis rendu compte de la valeur de la récompense. Et mes administrés sont fiers à juste titre de la distinction qui les a spécialement honorés.

Les armes sont maintenant suivies de cette inscription :

« Est citée à l'ordre de l'armée la Ville de Dunkerque.

« Soumise depuis trois ans à de violents et fréquents bombardements, a su, grâce au sang-froid admirable et au courage de sa vaillante population, maintenir et développer pour la Défense nationale la vie économique, et rendre ainsi à l'armée et au pays d'inappréciables services.

« Ville héroïque, sert d'exemple à toute la Nation. »

J'étais curieux de savoir si les Dunkerquois étaient mieux préservés que les Nancéiens contre les avions et les tirs à longue portée.

— Nous avons fait de notre mieux. On a construit un peu partout des abris. Les meilleurs sont sous les remparts. Ils sont spacieux, commodes et solides. Ils donnent asile à de nombreuses familles de travailleurs.

Mais il ne suffit pas d'avoir des refuges à la périphérie. Il est au moins aussi nécessaire d'en avoir au centre.

Nous visitons les caves particulières partout. Avec l'aide de l'autorité militaire, nous les renforçons et, quand il y a possibilité, nous creusons entre elles des communications.

— Comme à Nancy.

— Je ne vois pas de système meilleur. Seulement, puisque nous sommes vos aînés — soit dit sans vanité — comme bombardés, nous avons sans doute pris avant vous les précautions utiles et nous devons posséder des travaux plus complets.

Dunkerque est la seule ville en France qui ait le triple privilège — et M. Terquem sourit — d'être bombardée par terre, par mer et par air. Elle a en outre le devoir de conserver à la nation et à l'armée qui défend le pays cette force prodigieuse, un port, et toute l'industrie qui se groupe autour de ce port.

Les Dunkerquois ne sont pas du tout surpris

d'être bombardés. Cette épreuve, ils l'acceptent de plein cœur et sans récriminer.

Les habitants sont prévenus des bombardements comme à Nancy, par les sirènes et le tocsin, suivant des modes différents et auxquels on se reconnaît maintenant très bien. Notre grande sirène, la « Vache », qui en temps de paix signalait la côte aux navires perdus au large dans le brouillard, a depuis les bombardements reçu cette destination de prévenir Dunkerque contre les dangers ennemis. Elle est d'une énorme puissance. On l'entend à vingt kilomètres à la ronde. Et si on est à deux cents mètres d'elle quand elle commence à vibrer, on en est remué jusqu'au fond des entrailles.

Elle est aidée par des sirènes électriques de moindre sonorité.

On est avisé des coups de départ des pièces qui tirent sur nous à une distance de quarante kilomètres et plus. On a largement le temps d'aller dans les caves. Un jour, — c'est un record, — la sirène a hurlé cent quatre secondes avant que l'obus éclatât sur nous.

Aussi on ne se presse pas. On va tranquillement son chemin, et on a le loisir de se rendre à l'abri préféré.

La population est entraînée à ces exercices et ne s'émeut plus. Elle sait qu'elle peut travailler en sûreté, ou du moins qu'elle sera à temps avertie du péril prochain.

La mairie ne chôme pas; elle travaille, bien qu'on lui ait enlevé, pour les nécessités militaires, plusieurs collaborateurs, et non des moindres.

Quelques précisions :

Deux crèches modèles ont fonctionné régulièrement et ont reçu, en 1914, 317 enfants; en 1915, 184 enfants; en 1916, 157 enfants; en 1917, 121 enfants. Suivant la bonne doctrine démocratique, tout le monde paie. Oh! pas grand'chose : trente centimes par jour.

La consultation de nourrissons a surveillé : en 1914, 386 enfants; en 1915, 396 enfants; en 1916, 247 enfants; en 1917, 320 enfants. La Goutte de lait annexée à la consultation a fourni près de 900 biberons par jour.

L'ensemble des œuvres a vu passer par ses mains 2.435 enfants en quatre ans, dont trois ans et demi de guerre, avec 170 décès, soit une mortalité moyenne de 7 °/₀, alors que la mortalité moyenne de la ville est de 20 °/₀.

On fait aussi l'éducation de la jeunesse par les événements.

Ainsi depuis octobre 1914, les enfants ont confectionné des vêtements chauds en quantité importante. Ils font les quêtes pendant les « journées ».

En avril 1915, au moment de la première attaque par gaz, les enfants confectionnèrent en quarante-huit heures les milliers de bâillons, — premier essai du masque, — demandés par l'intendance.

Ils abandonnent la valeur des livres de prix pour faire des envois aux prisonniers. Ils ont, par école, un jardin potager dont le produit est versé à l'Œuvre des pupilles des écoles, une série de tombes à entretenir sur lesquelles des fleurs sont cultivées. Chaque école a souscrit aux emprunts de la Défense nationale et possède ses titres de rente, fondant un prix de la « Défense nationale ».

Toutes les écoles de Dunkerque ont fonctionné régulièrement depuis le début de la guerre.

On prépare aussi des ouvriers et des ouvrières pour la régénération de la France.

Une école pratique de commerce et d'industrie avait été ouverte en 1913. En janvier 1918, elle comprend, malgré la guerre, et bien qu'elle ait été atteinte plusieurs fois, 150 élèves.

Des cours professionnels pour jeunes filles, comprenant couture, lingerie, confections, modes, etc., quelques notions de français et de comptabilité, ont été fondés en octobre 1916. Les cours commerciaux comprennent : français, arithmétique, comptabilité, géographie commerciale, sténo-dactylographie, anglais.

Les femmes suivent un cours complet d'enseignement ménager et un cours d'enseignement maternel. On a dû agrandir le local qui était devenu insuffisant.

L'Administration municipale, par des avis, des proclamations et des mesures de prévoyance, aide au maintien moral de la population.

Avis et conseils de sagesse et de sang-froid dans les périodes critiques, — sans dissimuler la vérité sur les dangers possibles, — conseils de prudence en présence des menaces de l'ennemi, mesures de précaution et de prévoyance au moment des bombardements (sirènes, abris), secours immédiats aux sinistrés, rappels des devoirs de chacun envers le pays, rappel des traditions locales et des devoirs dictés par la gloire des ancêtres. Maintien de l'ordre en ville au moment où les évacués du nord de la France et de la Belgique refluaient sur Dunkerque par dizaines de milliers en août, septembre et octobre 1914 ; organisation méthodique de leur hébergement et de leur évacuation, empêchant l'esprit de panique de naître dans la population. Cette organisation a été telle que pas un réfugié, français ou belge, n'a manqué ni de nourriture ni de logement.

L'administration fonctionne régulièrement, les bureaux de la mairie sont l'agence générale des renseignements, font toutes les démarches pour les familles de militaires, facilitent les demandes et les réclamations.

Dès le début d'août 1914, une commission municipale a distribué des secours en nature aux familles de mobilisés et aux personnes privées de ressources par la guerre (pain, pommes de terre, charbon). A l'heure actuelle (janvier 1918), il a été dépensé 620.286^{f}67 pour cet objet.

Un magasin municipal de ravitaillement, destiné à faire respecter les taxes et à être régulateur de prix, a été ouvert et a vendu au-dessous de la taxe aux détaillants et au prix de la taxe aux consommateurs. Il a pu livrer ainsi des pommes de terre (plus de 300.000 kilos), des haricots (plus de 50.000 kilos), des pois, des navets, du beurre, des œufs, des pommes et a réalisé un bénéfice net de plus de 15.000 francs.

En janvier 1917, et dès avant l'organisation du rationnement du charbon, l'Administration municipale avait constitué un stock destiné à parer à l'éventualité d'un arrêt dans les transports en hiver. Grâce à cette prévoyance, la ville de Dunkerque n'a pas connu la crise du charbon pendant que les canaux étaient gelés. L'Administration a livré directement à ses administrés 10.400 sacs à 3^f 10 pendant vingt jours de gelée. Actuellement, grâce à un approvisionnement constitué l'an dernier, il est paré à l'irrégularité des arrivages, ce qui est particulièrement utile dans une ville où manquent beaucoup de carreaux. On distribue également des suppléments pour les enfants en bas âge et les malades.

A noter que dès le mois d'août 1917, alors que la carte de charbon ne devait fonctionner qu'en octobre, la ville de Dunkerque organisa méthodiquement le rationnement du charbon.

La vente est réglementée par un arrêté ; chaque

marchand a son quartier qu'il doit desservir : on ignore les queues et les attentes.

Des jardins ouvriers ont été créés pour les fonctionnaires et les ouvriers municipaux (environ 2 hectares) ; 94 jardins de 170 mètres carrés leur ont été attribués, moyennant une location annuelle de 5 francs. Des terrains militaires ont été convertis également en jardins pour des ouvriers (en tout environ 150 jardins) et plus de 6 hectares d'autres terrains militaires mis en culture par les jardiniers de la ville, avec la collaboration des élèves des écoles : ils ont produit plus de 100.000 kilos de pommes de terre et 800 kilos de haricots.

Pour favoriser les économies de charbon, l'Administration municipale, par l'intermédiaire de ses employés et ouvriers, des élèves de l'École pratique, a mené une campagne active pour la vulgarisation de la caisse norvégienne qui a été répandue par centaines.

La distribution des cartes de sucre et de charbon a été organisée avec une méthode méticuleuse, de telle façon que le public ne perd aucun temps. Six guichets se répartissent les habitants suivant leurs initiales, des tables pour remplir les formules, avec employés pour guider les personnes peu au courant et les renseigner. Temps maximum : dix minutes pour retirer ou changer une carte.

Un jeu de fiches spécial et un classement méthodique des dossiers permettent de trouver aisément tous renseignements et de répondre à toutes réclamations.

Toutes ces mesures, toutes ces attentions, toutes ces prévoyances donnent aux Dunkerquois l'impression très nette que l'Administration, non contente de défendre leurs intérêts, veille sur eux et saura, dans la mesure du possible, parer à leurs besoins, ce qui crée chez eux un sentiment de sécurité et de confiance qui est pour beaucoup dans le calme dont ils font preuve.

M. Henri Terquem me donne avec une cordiale simplicité ces précieux renseignements, et trouve tout naturel que sous les bombardements affreux, au milieu de périls incessants, les Dunkerquois continuent à travailler tandis que la municipalité les protège dans la mesure du possible et les aide.

Le soir est venu pendant notre causerie.

Je regarde dans le grand cabinet les instruments de mort que l'on y a exposés : les bombes et les torpilles non éclatées, les obus que l'explosion a curieusement déformés, je serre la main au vaillant citoyen qui a pour Nancy et la Lorraine une affection presque égale à celle qui le tient au service de Dunkerque, et je sors, le cœur ému d'admiration pour les deux villes unies par un destin commun, Dunkerque et Nancy.

« *KEEP SMILING* »

Keep smiling...

Oui, j'ai voulu maintenir cet exergue à *Nancy bombardée* parce que, sous les bombardements, sous les ruines, parmi les morts et les blessés, dans l'horreur des maisons écroulées, pendant que l'on fouillait dans les caves pour ramener au jour ceux qui avaient été enfouis vivants, sous la menace d'éventualités plus cruelles encore, le sourire français a toujours fleuri sur les lèvres lorraines : un sourire railleur quand le Boche ne causait que des « dégâts matériels insignifiants »; un sourire ému lorsque la ville était atteinte dans sa beauté; un sourire attristé alors que les soldats portaient les civières dans les voitures d'ambulance; un sourire mélancolique pour saluer les belles journées de soleil suivies de nuits de lune terriblement claires.

Mais un sourire quand même et toujours.

L'héroïsme des civils lorrains n'est pas plus guindé que la vaillance des soldats.

L'un et l'autre sont d'apparence tranquille et flegmatique, et d'autant plus résolus.

Mais on n'aime pas chez nous les grands mots et les phrases sonores. On a le sens de la mesure, une sorte d'harmonie discrète qui pare toutes les actions, une simplicité élégante qui orne presque imperceptiblement les faits, les visages et les âmes.

Cela même est le fond du caractère lorrain, et, avec des diversités d'expression, le fond du caractère français.

Et j'ai avec joie recueilli dans la rue, après un violent bombardement, cette phrase jetée par un ouvrier à un camarade, et à laquelle je me garderais de rien changer :

— Ils auront peut-être toutes les maisons de Nancy. Ils auront peut-être notre peau avec ce qu'il y a dedans. Mais pour notre sourire, rien à faire, ils ne l'auront pas !

C'est vrai. Nous gardons le sourire.

ANNEXE

LE MARTYROLOGE DE NANCY

ANNÉE 1914

Septembre. — Le 4 à midi, 1 taube, 2 bombes place de la Cathédrale, 2 tués et 6 blessés; le 9, entre 11ʰ15 et minuit, Nancy est bombardée pendant un orage violent : environ 80 obus, 15 victimes et importants dégâts.

Octobre. — Le 13, 2 taubes, 2 bombes, 2 blessés, 1 taube abattu près de Nomeny.

Décembre. — Le 22, 1 taube, 2 bombes; le 25, 1 taube, 3 bombes, dont une sur l'hôtel de la Poste, à 9ʰ30 du matin; le 26, un zeppelin, 15 bombes, 2 victimes et dégâts (vitraux brisés à Saint-Epvre); le 31, 1 taube, 2 bombes.

ANNÉE 1915

Janvier. — Le 13, 1 taube, 3 bombes; le 18, 1 taube, 3 bombes; le 22, 1 taube, 2 bombes; le 29, 1 taube; le 30, 1 taube, 6 bombes et fléchettes; le 31, 1 taube.

Février. — Le 22, 1 taube.

Mars. — Le 4, 1 taube; le 17, 1 taube; le 18, 1 taube, 2 bombes; le 20, 2 taubes, 3 bombes; le 22, 1 taube; le 26, 1 taube, 2 bombes; le 28, 1 taube, 2 bombes.

Avril. — Le 10, 1 taube, 2 bombes; le 11, un dirigeable, 7 bombes, dégâts (incendie dépôt Maurice); le 12, 1 taube, 2 bombes; le 20, 2 taubes; le 21, 1 taube, 2 bombes; le 26, 1 taube, 2 bombes; le 27, 1 taube, 5 bombes; le 30, 1 taube.

Mai. — Le 2, 1 taube, 2 bombes; le 5, 1 taube, 2 bombes; le 11, 1 taube, 2 bombes; le 31, 1 taube, 2 bombes.

Juin. — Le 4, 4 taubes, 25 bombes, 7 tués, 10 blessés, dégâts ; le 15, 4 taubes, 10 bombes, 8 tués, 6 blessés, dégâts.

Juillet. — Le 6, 1 taube ; le 9, 1 taube ; le 19, 1 taube ; le 30, 1 taube, 5 bombes ; le 31, 5 taubes, 12 bombes, 1 tué, 2 incendies, 1 taube abattu au retour près de Nomeny.

Août. — Le 1er, 5 taubes, 10 bombes, 2 tués, 3 blessés ; le 25, 4 taubes, 4 bombes.

Septembre. — Le 8, 7 taubes, 56 bombes, 18 tués, 30 blessés (soldats), dégâts ; le 12, 2 taubes, 3 bombes, 1 tué à Jarville (première sonnerie du tocsin) ; le 10, 1 taube ; le 14, 1 taube ; le 15, 1 taube, 3 bombes ; le 28, 2 taubes, 3 bombes.

ANNÉE 1916

Janvier. — Le 1er, vers 9 heures du matin, bombardement par une pièce à longue portée, 10 obus de 380, 3 tués, 6 blessés, dégâts importants ; le 2, 2 obus vers midi, 1 blessé, dégâts ; le 4, 8 obus vers 11 heures, 3 tués, 3 blessés, dégâts ; le 18, vers 3 heures, 2 taubes, 5 bombes, dégâts ; le 24, entre 7 et 8 heures, 11 obus, quelques blessés ; vers 11 heures, 5 taubes, dégâts assez importants.

Février. — Le 21, 6^h30 du matin, 1 taube, 7 bombes, 1 tué ; le 26, 3 bombardements par obus de 380 : 1° entre 6^h20 et 7^h5, 8 obus ; 2° entre 10^h15 et 11^h55, 6 obus ; 3° entre 14 et 16 heures, 6 obus ; 3 tués, 16 blessés ; 1 obus non éclaté est trouvé dans la forêt de Haye.

Mars. — Le 14, à minuit, 1 taube, 4 bombes ; le 20, des taubes essaient de survoler Nancy pendant le bombardement de Varangéville (18 obus entre 6 et 8 heures du matin) ; le 30, 1 taube essaie de survoler la ville à deux reprises ; le 31, 3 taubes.

Avril. — Le 1er, 1 taube ; le 2, 2 taubes ; le 7, 1 taube, plusieurs bombes ; le 8, 1 taube, 1 bombe ; le 9, 2 taubes ; le 10, à 9^h45, des taubes jettent plusieurs bombes ; le 11, 2 taubes ; les 25, 26, 27, 28, 29 avril, des avions essaient de survoler Nancy.

Juin. — Le 30, des avions essaient de survoler Nancy.

Juillet. — Le 1er, 9 obus entre 7 heures et 7^h30 du matin, 3 tués ; le 2, à minuit, 1 obus sur l'hôtel Saint-Georges,

8 tués et 4 blessés; 3 heures du matin, 1 obus à la Pépinière, dans une pelouse.

Août. — Le 1er, 4 obus entre 14h50 et 15h5, dégâts; le 13, 3 heures du soir, 4 obus, dégâts; le 20, des taubes jettent 3 bombes, 6 tués, 5 blessés.

Septembre. — Le 12, à midi, 4 obus, dégâts assez importants.

Octobre. — Le 4, 6 taubes lancent une quarantaine de bombes sur le plateau de Malzéville, vers 11h15 du matin, ni victimes ni dégâts; le 21, trois taubes, 2 bombes.

Novembre. — Le 6, plusieurs taubes jettent un certain nombre de bombes sur le plateau de Malzéville, 1 tué, 6 blessés; 4 bombes sur Nancy, pas de victimes; le 10, vers 15 heures, 3 obus; à partir de 19 heures, des taubes viennent à différentes reprises et lancent une vingtaine de bombes sur Nancy, peu de dégâts, pas de victimes; le 11, plusieurs taubes jettent des bombes sur Nancy; le 12, des bombes sur le plateau de Malzéville; le 24, 14h5, 3 obus, 8 tués, 13 blessés.

Décembre. — Le 2, 13 heures, 3 obus, 1 blessé; le 3, à minuit, 1 obus; 2 heures du matin, 1 obus, 3 blessés, dégâts importants.

ANNÉE 1917

Janvier. — Le 27, avions, 3 bombes; le 29, avions, 2 bombes, 3 tués, 3 blessés.

Février. — Le 8, avions, 2 bombes; le 9, avions, 2 bombes à 23h15; le 10, avions, 5 bombes; le 11, avions, 11 bombes à minuit; le 14, avions, 3 bombes; le 16, canon, 12 obus, 3 enfants tués.

Avril. — Le 7, avions, 1 bombe; le 10, avions, 4 bombes; le 29, avions, 6 bombes à 21h30, 23 heures et minuit.

Mai. — Le 1er, avions, 7 bombes à 21 heures et 23 heures; le 2, avions, 4 bombes à 22 heures; le 24, avions, 7 bombes à 9 heures, 2 tués; le 27, avions, 3 bombes à 21h30, 1 tué.

Juin. — Le 4, avions, 3 bombes à 3h30, 1 blessé; le 17, avions, 18 bombes à minuit 10; le 26, avions, 4 bombes à 20h15.

Juillet. — Le 13, avions, 8 bombes incendiaires à 22h45;

le 24, avions, 8 bombes à minuit 30; le 25, avions, 3 bombes à 22ʰ30; le 27, avions, 6 bombes dans la nuit du 27 au 28.

Octobre. — Le 11, avions, 3 bombes à 21ʰ30; le 16, avions, 80 bombes de 18ʰ30 à 22 heures (32 tués, 50 blessés); le 17, avions, 40 bombes de 18ʰ10 à 20ʰ20, 1 tué et 1 blessé; le 24, avion, 1 bombe à 19 heures; le 29, avions, 7 bombes de 18ʰ20 à 19ʰ40.

Novembre. — Le 1ᵉʳ, avions, 6 bombes, de 19ʰ45 à 23ʰ20.

TABLE DES MATIÈRES

ACHEVÉ D'IMPRIMER

LE VINGT-TROIS MARS MIL NEUF CENT DIX-HUIT

PAR BERGER-LEVRAULT

A NANCY

APRÈS LE SEIZIÈME BOMBARDEMENT

DE LA VILLE

PAR PIÈCES A LONGUE PORTÉE

ET LE CENT VINGTIÈME PAR AVIONS